연산력 수학

노크

C1
(초1~초2)

덧셈구구

똑!똑! 연산력 수학
노크의 구성

연산 학습 ▶ 하루에 4쪽씩 한 가지 주제를 학습합니다.

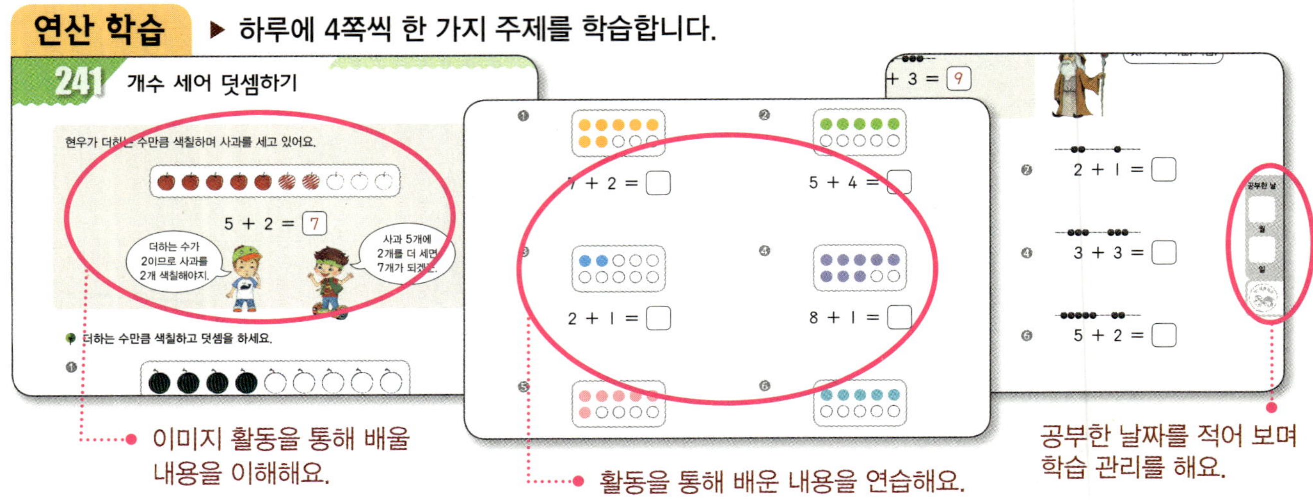

이미지 활동을 통해 배울 내용을 이해해요.

활동을 통해 배운 내용을 연습해요.

공부한 날짜를 적어 보며 학습 관리를 해요.

평가 ▶ 배웠던 주제를 평가해 봅니다.

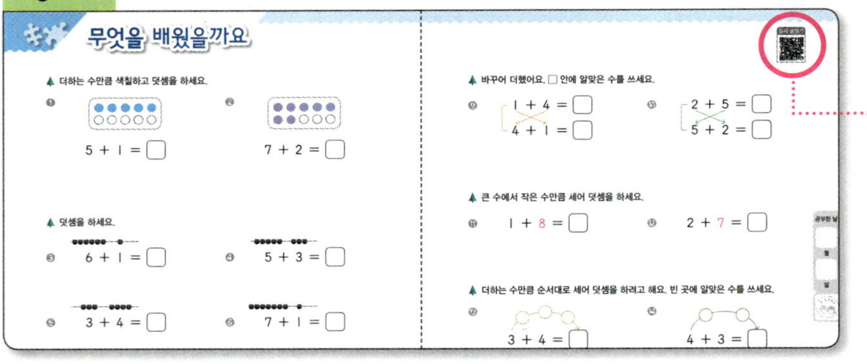

"문제 생성기" QR코드를 이용하면 여러 문제를 더 풀어 볼 수 있어요.

연산 보충 학습 ▶ 연산 학습의 부족한 부분을 연습합니다.

받아올림이 없는 덧셈구구   관련 쪽수: 6~27쪽

덧셈을 하세요.

$2 + 3 = $ $2 + 5 = $
$3 + 1 = $ $3 + 4 = $
$4 + 2 = $ $4 + 5 = $
$5 + 1 = $ $5 + 3 = $

안에 알맞은 수를 쓰세요.

$2 + \square = 6$ $3 + \square = 6$
$4 + \square = 5$ $5 + \square = 7$
$6 + \square = 7$ $7 + \square = 9$
$8 + \square = 9$ $7 + \square = 8$

각 주제별로 학습했던 연산 학습 중 연습이 더 필요한 부분을 본책 맨 뒤에서 제공합니다.
해당 연산 학습을 끝낸 후에 사용하세요.

연산력 수학 노크만의 스마트 학습

문제 생성기

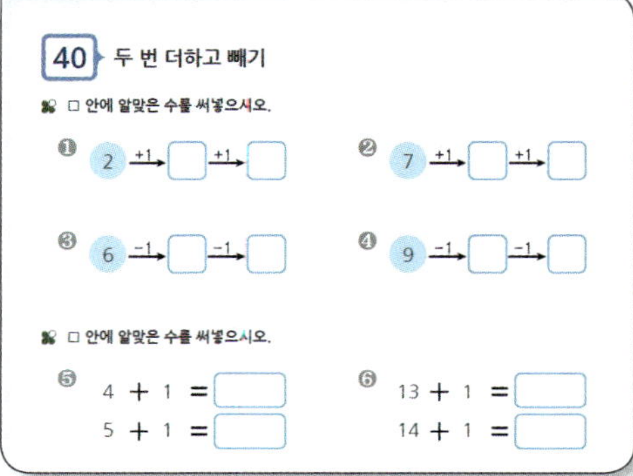

연산력 게임

"무엇을 배웠을까요"를 풀고 난 후 QR코드를 찍어 보세요.
새로운 문제들이 계속 생성됩니다.
출력하여 사용하세요.

"연산력 게임" 코너에 있는 QR코드를 찍어 보세요.
연산 학습과 연계된 재미있는 연산력 게임을 할 수 있습니다.

연산력 수학 노크에 나오는 친구들을 소개해요!!

모험가 친구들

태돌
추진력 리더

현우
끈기 대장

큐리
호기심 해결사

티나
치밀한 전략가

마법사 멀린과 수학 요정

마법사 멀린

꼬마 요괴

딴소리   **한입**   **장난**   **딴짓**   **멍하니**   **감만자**   **울보**   **거꾸로**

연산력 수학 노크 C1

차례

받아올림이 없는 덧셈구구

▶ 연산 보충 학습(106~107쪽)에서 더 풀어 보세요.

학부모 지도 가이드

'5+2'와 같이 합이 10보다 작은 덧셈, 즉 받아올림이 없는 한 자리 수의 덧셈을 공부합니다. 물건과 그림의 수를 세거나 뛰어 세어 덧셈하는 방법을 배우게 됩니다.

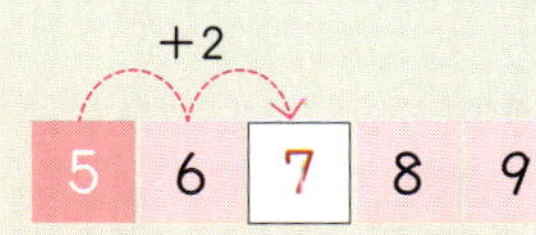

더하는 두 수의 순서를 바꾸어도 덧셈의 결과가 같음을 이용하여 큰 수를 찾아 큰 수에 작은 수를 더하는 방법이 더 편리함을 가르치도록 합니다.

개수 세어 덧셈하기

현우가 더하는 수만큼 색칠하며 사과를 세고 있어요.

$$5 + 2 = \boxed{7}$$

더하는 수만큼 색칠하고 덧셈을 하세요.

①

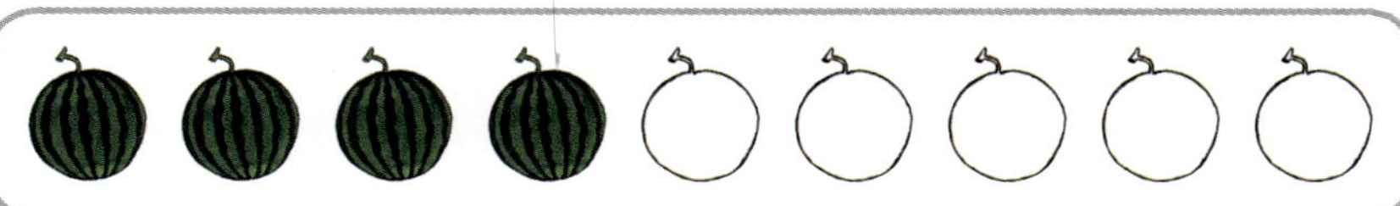

$$4 + 3 = \boxed{}$$

②

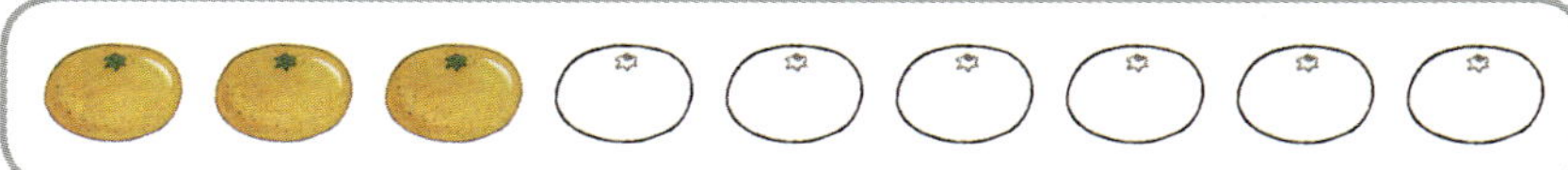

$$3 + 2 = \boxed{}$$

③

$$6 + 1 = \boxed{}$$

더하는 수만큼 색칠하고 덧셈을 하세요.

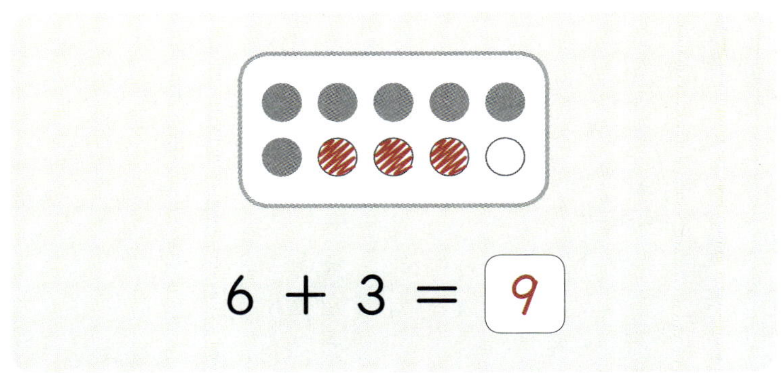

$$6 + 3 = 9$$

①
$$7 + 2 = \boxed{}$$

②
$$5 + 4 = \boxed{}$$

③
$$2 + 1 = \boxed{}$$

④ 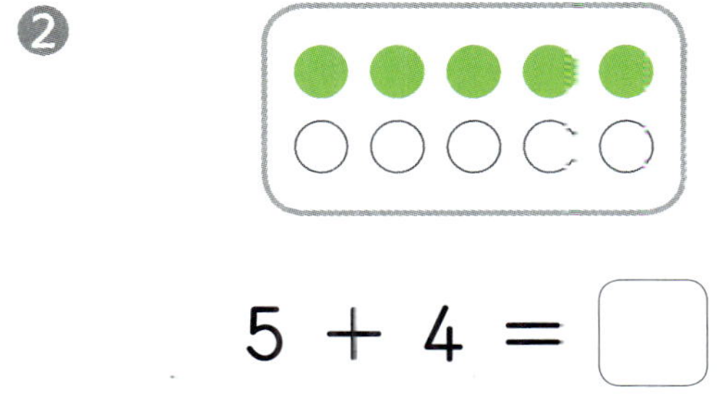
$$8 + 1 = \boxed{}$$

⑤ 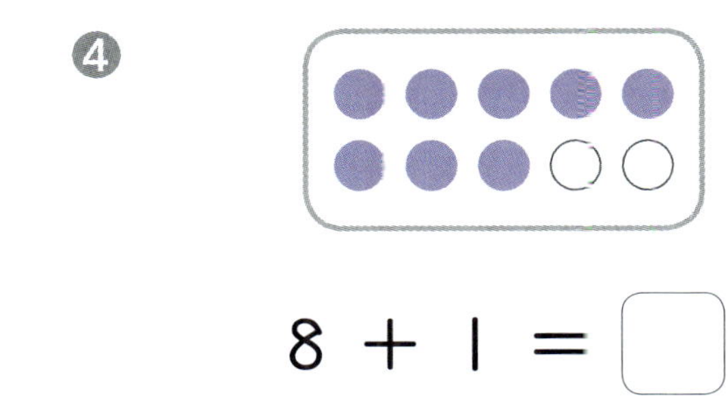
$$6 + 3 = \boxed{}$$

⑥ 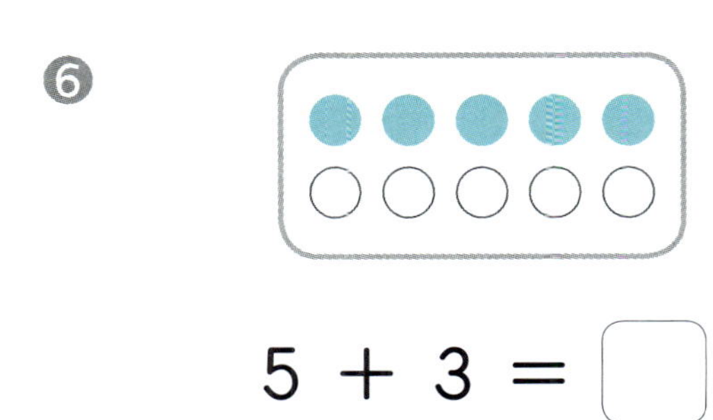
$$5 + 3 = \boxed{}$$

탁자 위에 사과와 배가 놓여 있어요.

$$3 + 2 = \boxed{5}$$

🌳 과일을 모두 세어 덧셈을 하세요.

❶ 

$$1 + 4 = \boxed{}$$

❷ 

$$4 + 2 = \boxed{}$$

❸ 

$$5 + 3 = \boxed{}$$

❹ 

$$6 + 1 = \boxed{}$$

● 덧셈을 하세요.

$$6 + 3 = \boxed{9}$$

① $4 + 3 = \boxed{}$

② $2 + 1 = \boxed{}$

③ $6 + 2 = \boxed{}$

④ $3 + 3 = \boxed{}$

⑤ $8 + 1 = \boxed{}$

⑥ $5 + 2 = \boxed{}$

⑦ $4 + 1 = \boxed{}$

⑧ $4 + 2 = \boxed{}$

⑨ $6 + 2 = \boxed{}$

⑩ $7 + 2 = \boxed{}$

242 뛰어 세어 덧셈하기

🌳 뛰어 세어 덧셈을 하세요.

❶
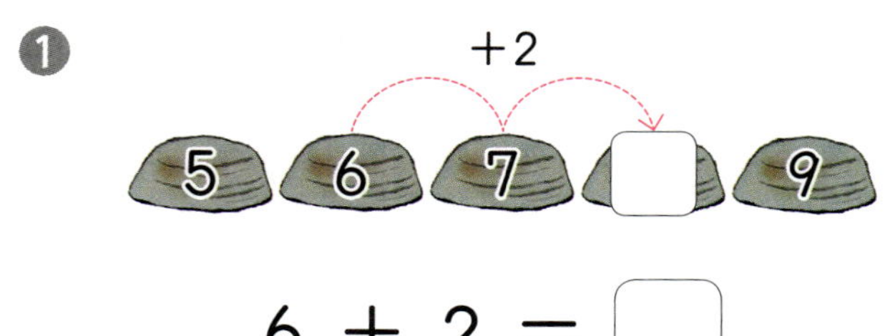

$$6 + 2 = \boxed{}$$

❷

$$5 + 1 = \boxed{}$$

❸

$$6 + 1 = \boxed{}$$

❹
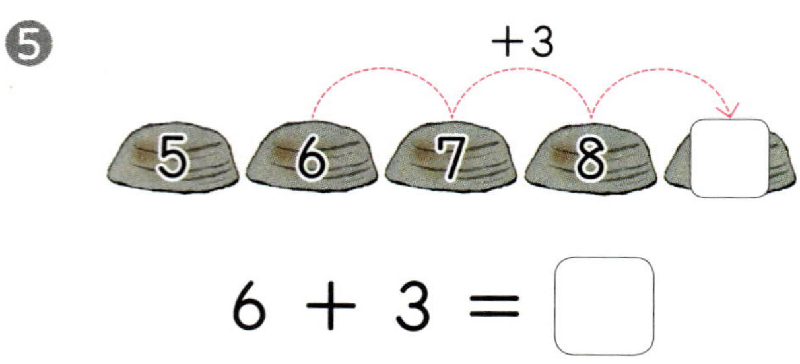

$$5 + 4 = \boxed{}$$

❺

$$6 + 3 = \boxed{}$$

❻
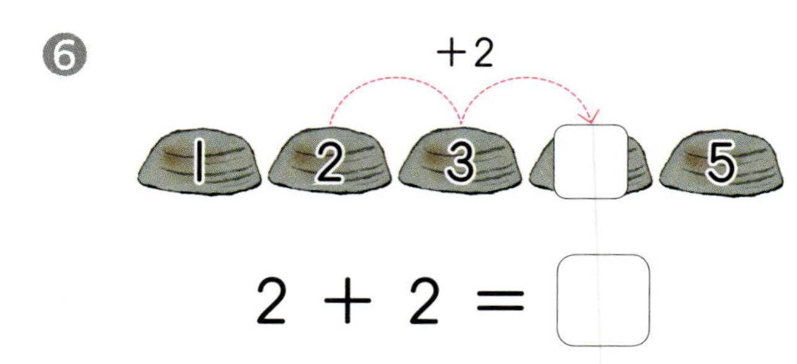

$$2 + 2 = \boxed{}$$

🌱 **뛰어 세어 덧셈을 하세요.**

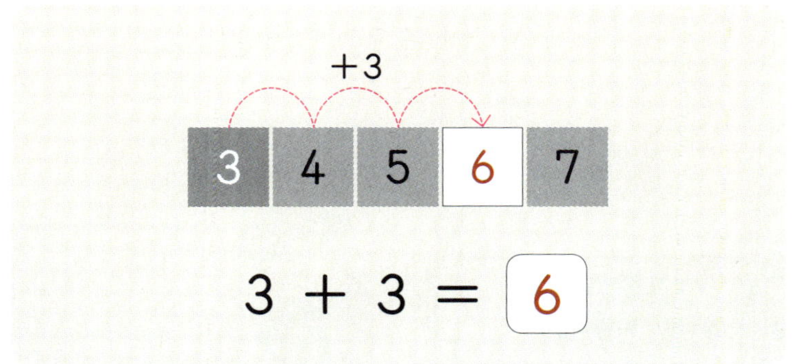

$$3 + 3 = 6$$

❶ 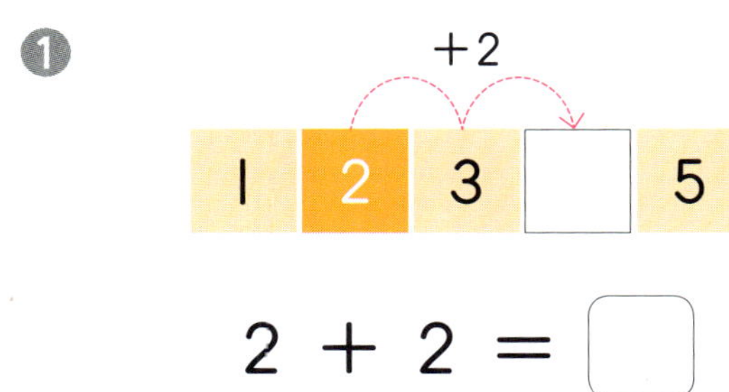

$$2 + 2 = \boxed{}$$

❷ 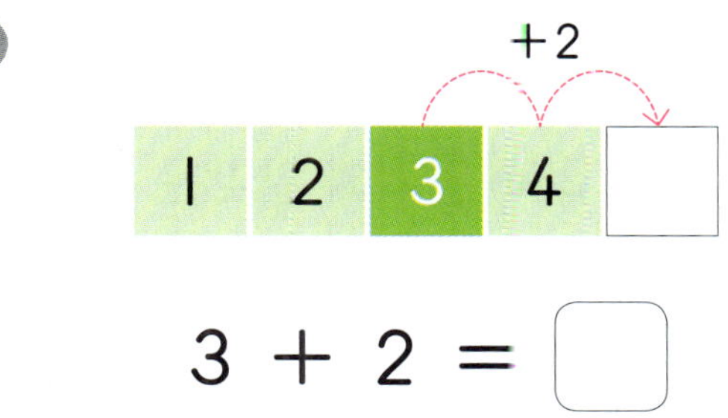

$$3 + 2 = \boxed{}$$

❸

$$5 + 1 = \boxed{}$$

❹

$$4 + 4 = \boxed{}$$

❺ 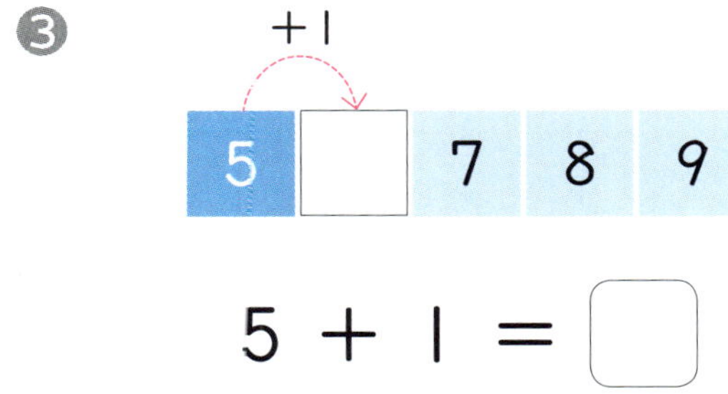

$$5 + 2 = \boxed{}$$

❻ 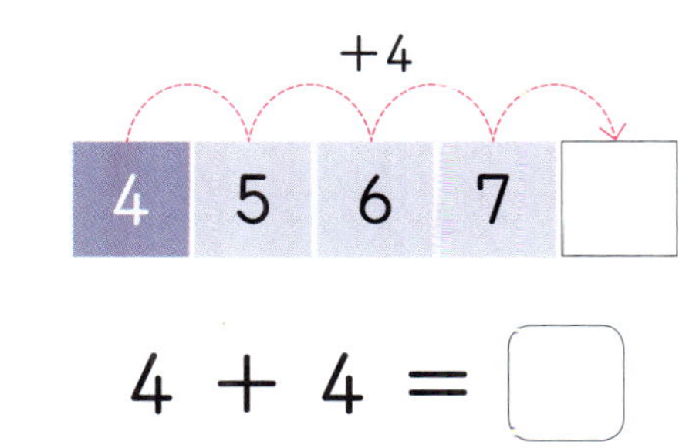

$$6 + 3 = \boxed{}$$

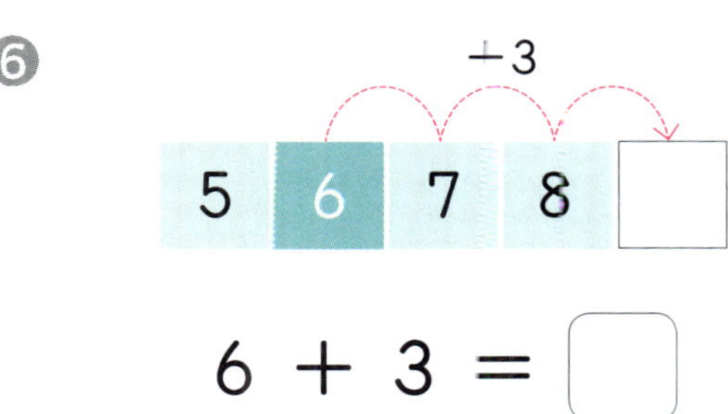

기차가 굴뚝에 연기를 뿜으면서 지나가요.

🌳 기차 굴뚝 연기에 알맞은 수를 써넣으며 덧셈을 하세요.

❶ 

❷ 

❸ 

❹ 

❺ 

❻ 

덧셈을 하세요.

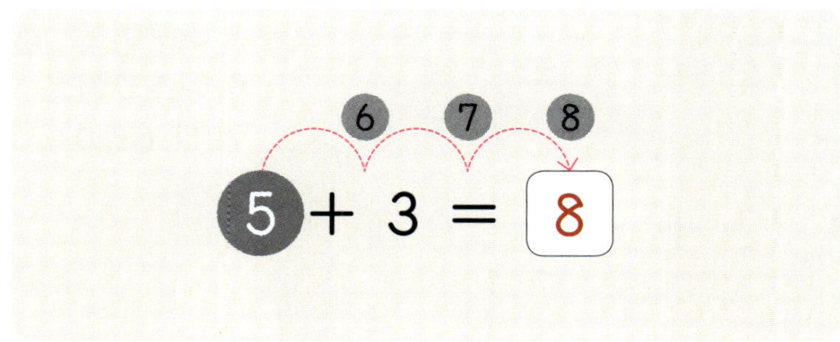

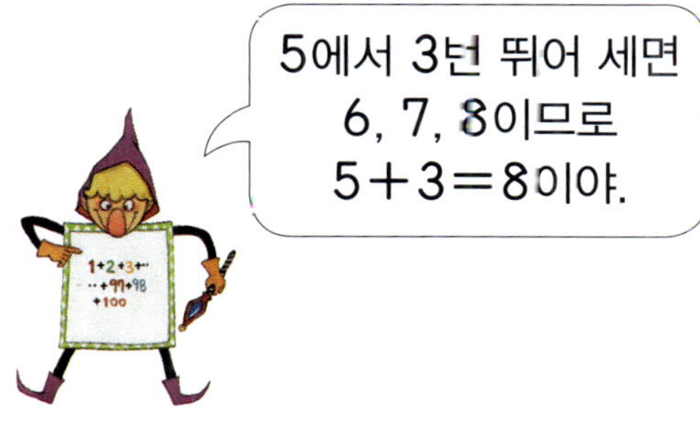

① 　8 + 1 = ☐

② 　5 + 2 = ☐

③ 　7 + 2 = ☐

④ 　4 + 3 = ☐

⑤ 　3 + 1 = ☐

⑥ 　6 + 3 = ☐

⑦ 　3 + 2 = ☐

⑧ 　5 + 4 = ☐

⑨ 　4 + 2 = ☐

⑩ 　6 + 2 = ☐

바꾸어 덧셈하기

🌳 그림을 보고 ☐ 안에 알맞은 수를 쓰세요.

①

$$3 + 2 = \boxed{}$$

$$2 + 3 = \boxed{}$$

②

$$5 + 3 = \boxed{}$$

$$3 + 5 = \boxed{}$$

③

$$6 + 1 = \boxed{}$$

$$1 + 6 = \boxed{}$$

🌳 바꾸어 더했어요. ☐ 안에 알맞은 수를 쓰세요.

$$5 + 3 = \boxed{8}$$
$$3 + 5 = \boxed{8}$$

❶
$$2 + 4 = \boxed{}$$
$$4 + 2 = \boxed{}$$

❷
$$3 + 4 = \boxed{}$$
$$4 + 3 = \boxed{}$$

❸
$$1 + 6 = \boxed{}$$
$$6 + 1 = \boxed{}$$

❹
$$2 + 6 = \boxed{}$$
$$6 + 2 = \boxed{}$$

❺
$$3 + 5 = \boxed{}$$
$$5 + 3 = \boxed{}$$

❻
$$1 + 8 = \boxed{}$$
$$8 + 1 = \boxed{}$$

❼
$$2 + 7 = \boxed{}$$
$$7 + 2 = \boxed{}$$

❽
$$4 + 5 = \boxed{}$$
$$5 + 4 = \boxed{}$$

🌳 바꾸어 덧셈을 하세요.

❶
1 + 5

☐ + ☐ = ☐

❷ 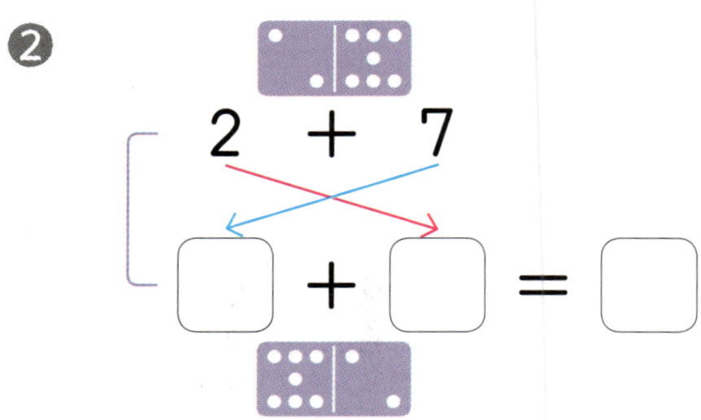
2 + 7

☐ + ☐ = ☐

❸
4 + 5

☐ + ☐ = ☐

❹
2 + 3

☐ + ☐ = ☐

🌳 **바꾸어 덧셈을 하세요.**

$2 + 5 = \boxed{7}$

$5 + 2 = 7$

➊ $3 + 4 = \boxed{}$

$4 + 3$

➋ $2 + 6 = \boxed{}$

$6 + 2$

➌ $1 + 4 = \boxed{}$

$4 + 1$

➍ $3 + 5 = \boxed{}$

$5 + 3$

➎ $2 + 7 = \boxed{}$

$7 + 2$

➏ $1 + 5 = \boxed{}$

$5 + 1$

➐ $2 + 4 = \boxed{}$

$4 + 2$

➑ $3 + 6 = \boxed{}$

$6 + 3$

큰 수 찾아 덧셈하기

🌳 작은 수만큼 더 색칠하고 덧셈을 하세요.

❶ 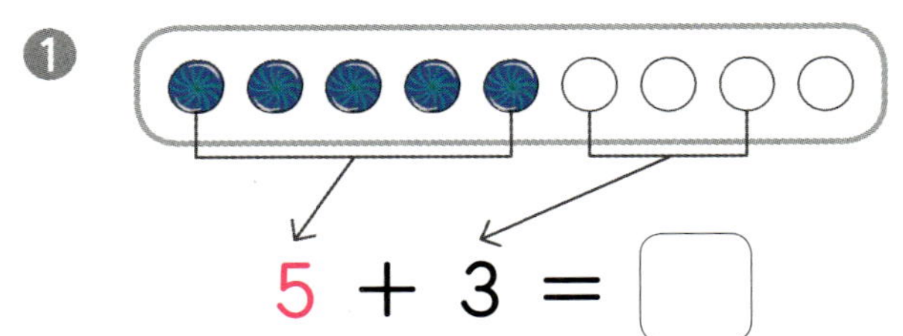

$$5 + 3 = \boxed{}$$

❷ 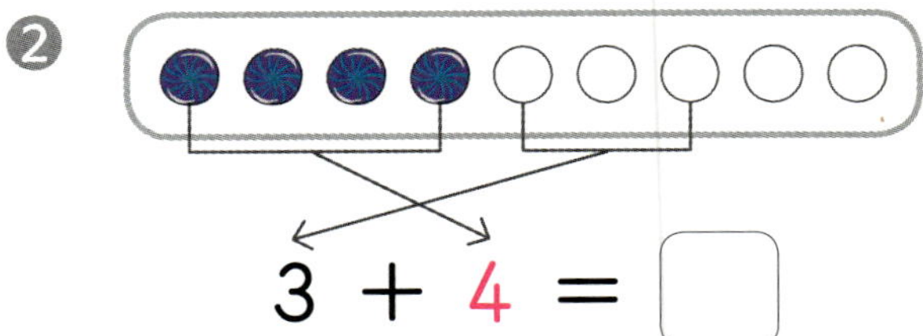

$$3 + 4 = \boxed{}$$

❸ 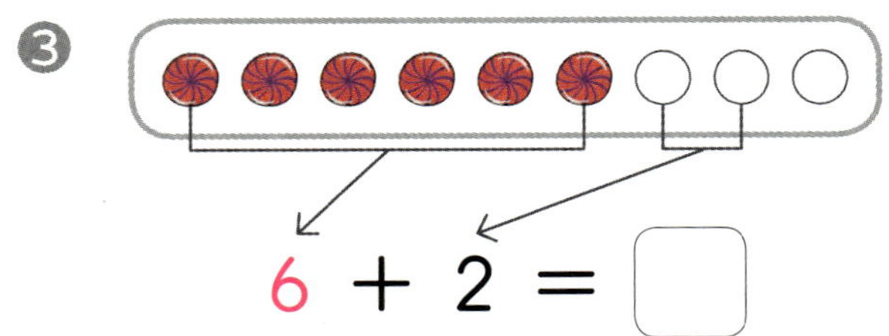

$$6 + 2 = \boxed{}$$

❹ 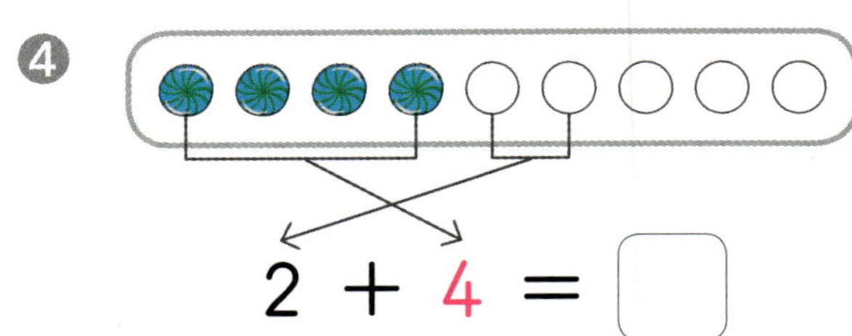

$$2 + 4 = \boxed{}$$

❺ 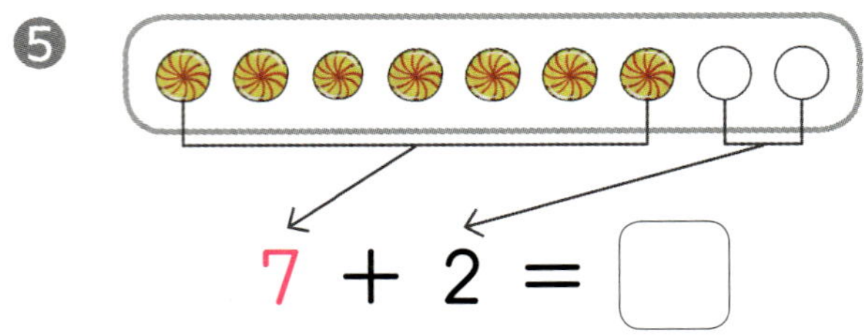

$$7 + 2 = \boxed{}$$

❻ 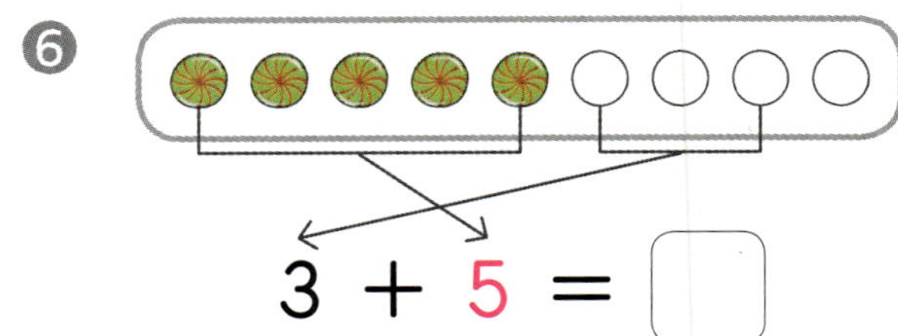

$$3 + 5 = \boxed{}$$

큰 수에서 작은 수만큼 세어 덧셈을 하세요.

$$1 + 6 = \boxed{7}$$
$$6 + 1 = 7$$

① $1 + 4 = \boxed{}$

② $7 + 2 = \boxed{}$

③ $2 + 6 = \boxed{}$

④ $8 + 1 = \boxed{}$

⑤ $3 + 5 = \boxed{}$

⑥ $5 + 4 = \boxed{}$

⑦ $6 + 3 = \boxed{}$

⑧ $1 + 5 = \boxed{}$

⑨ $3 + 2 = \boxed{}$

⑩ $3 + 4 = \boxed{}$

태돌이와 큐리가 서로 다른 방법으로 덧셈을 해요.

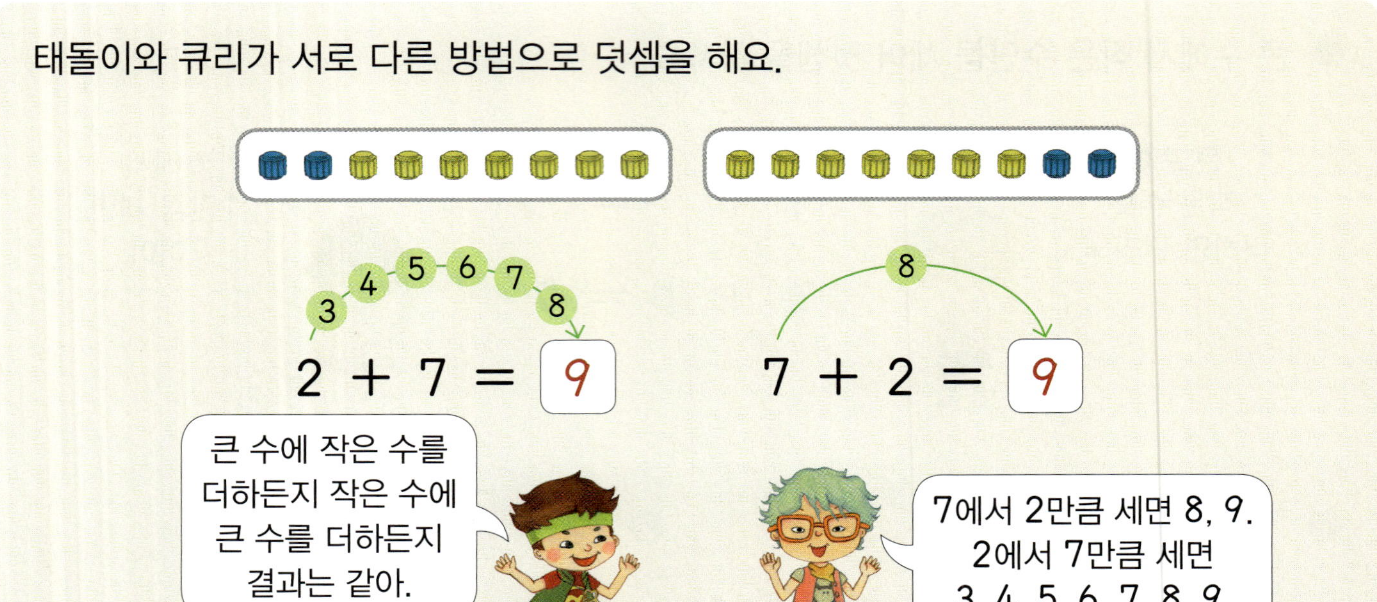

더하는 수만큼 순서대로 세어 덧셈을 하려고 해요. 빈 곳에 알맞은 수를 쓰세요.

❶ 2 + 4 = ☐

❷ 4 + 2 = ☐

❸ 3 + 5 = ☐

❹ 5 + 3 = ☐

❺ 2 + 6 = ☐

❻ 6 + 2 = ☐

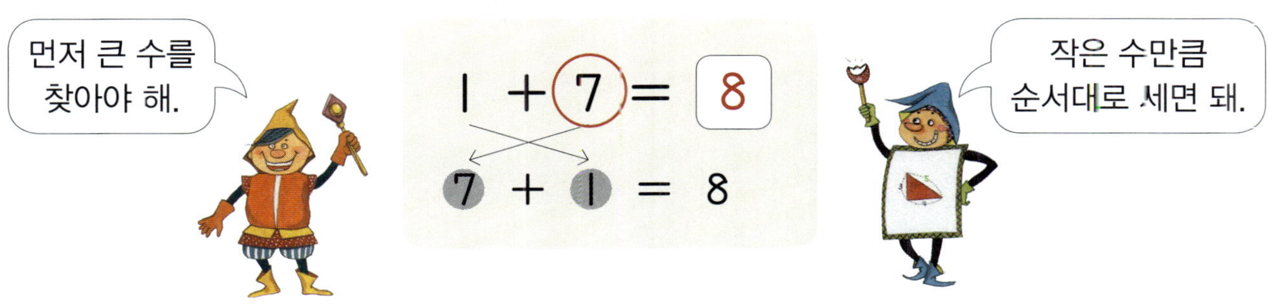

❶　　2 + 5 = ☐　　　　❷　　3 + 1 = ☐

❸　　6 + 3 = ☐　　　　❹　　5 + 3 = ☐

❺　　7 + 2 = ☐　　　　❻　　3 + 6 = ☐

❼　　1 + 4 = ☐　　　　❽　　4 + 3 = ☐

❾　　2 + 3 = ☐　　　　❿　　4 + 5 = ☐

공부한 날
월
일

245 □가 있는 덧셈

남자아이가 풍선 8개를 들고 있어요. 구름에 가려진 풍선만큼 구름 안에 ○를 그리고 □ 안에 알맞은 수를 쓰세요.

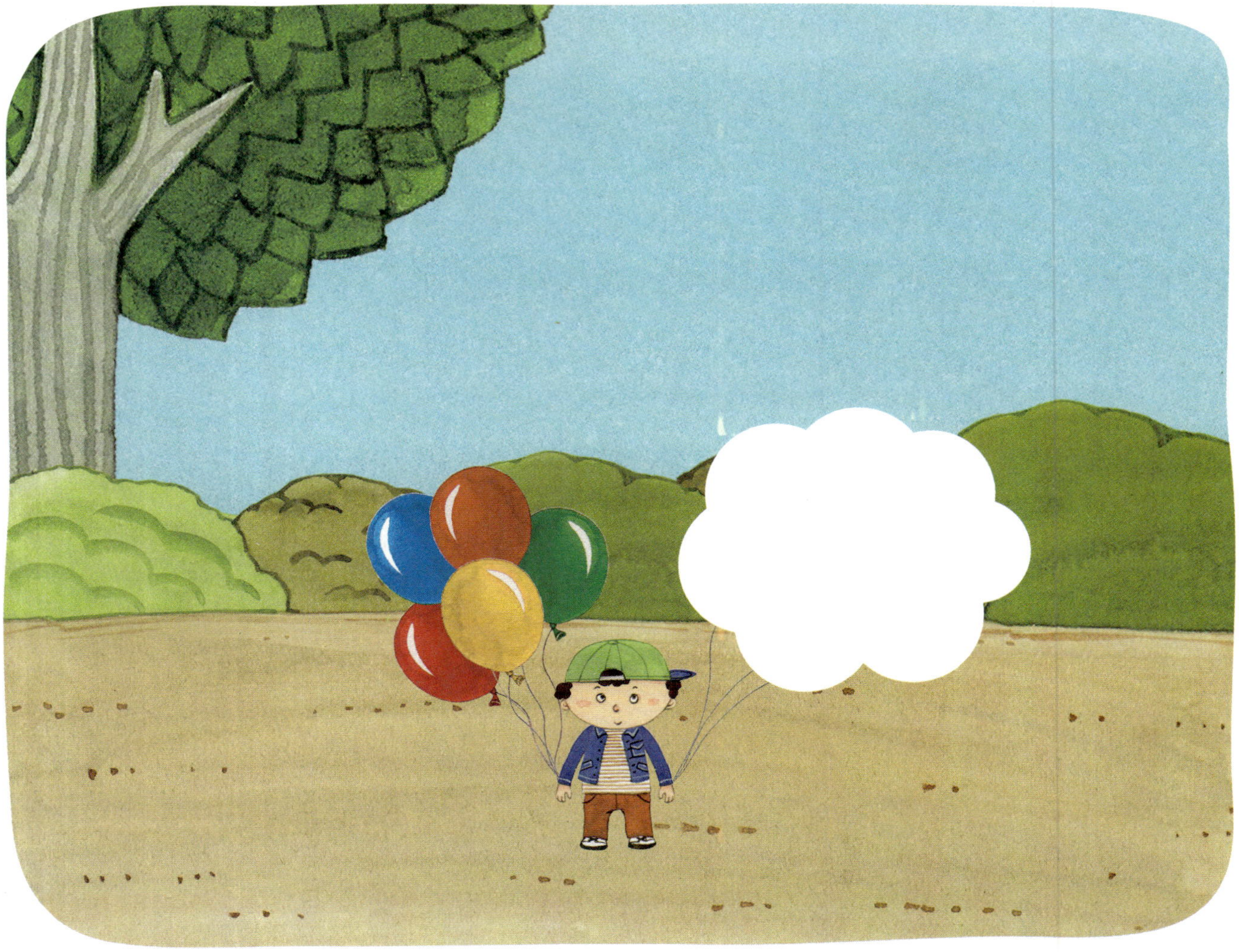

$$5 + \square = 8$$

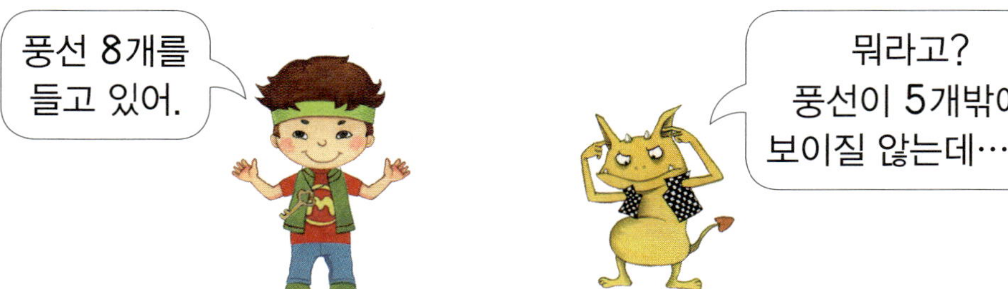

가려진 구슬만큼 빈 곳에 ◯를 그리고 ☐ 안에 알맞은 수를 쓰세요.

내가 구슬
몇 개를 가렸어.

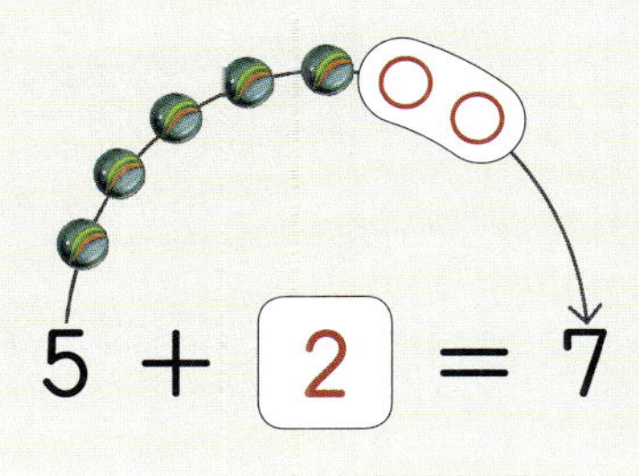

5 + 2 = 7

뒤의 구슬
2개를 가렸네.

① 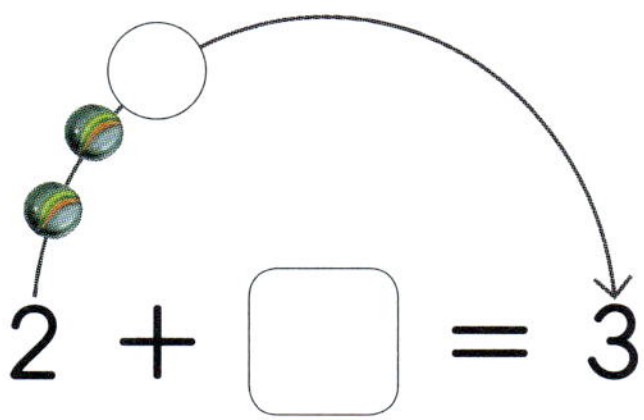

2 + ☐ = 3

② 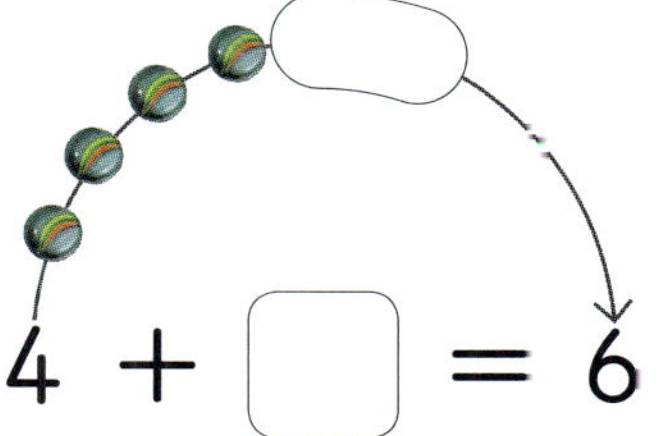

4 + ☐ = 6

③ 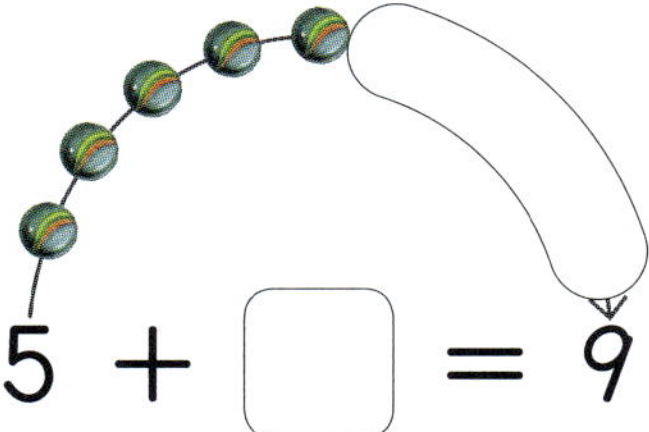

5 + ☐ = 9

④ 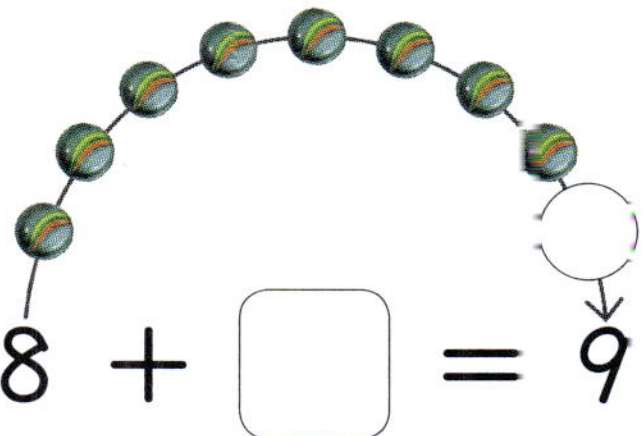

8 + ☐ = 9

⑤ 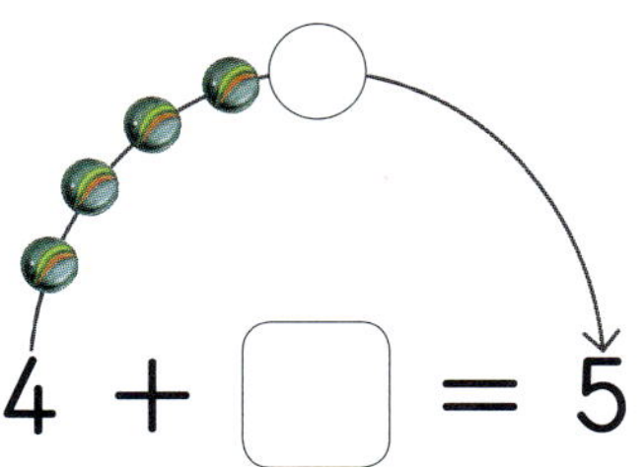

4 + ☐ = 5

⑥ 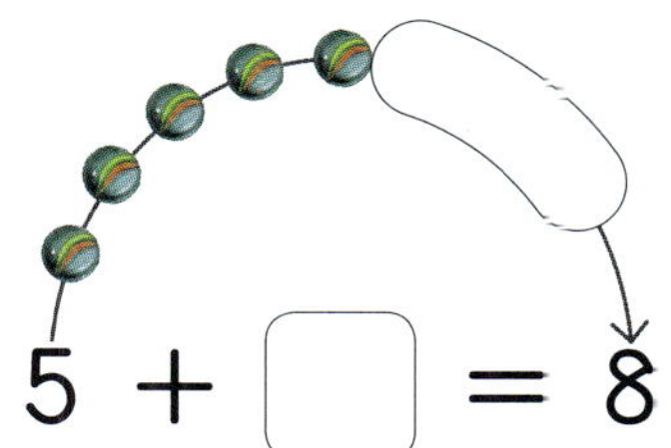

5 + ☐ = 8

상자 안에 구슬 몇 개가 들어가 보이질 않아요.

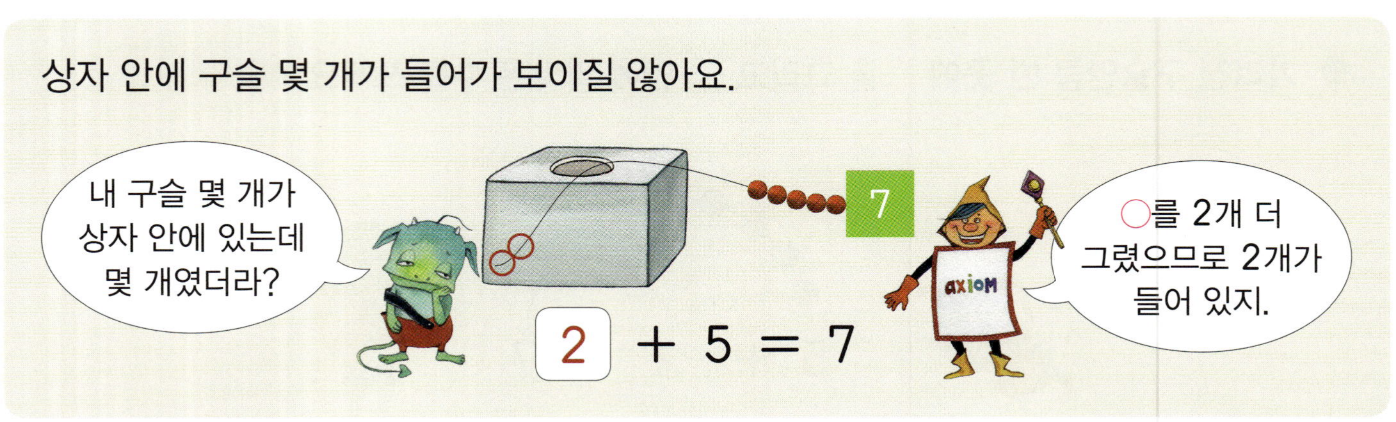

🌳 상자 안에 있는 구슬만큼 ○를 그리고 ☐ 안에 알맞은 수를 쓰세요.

❶ 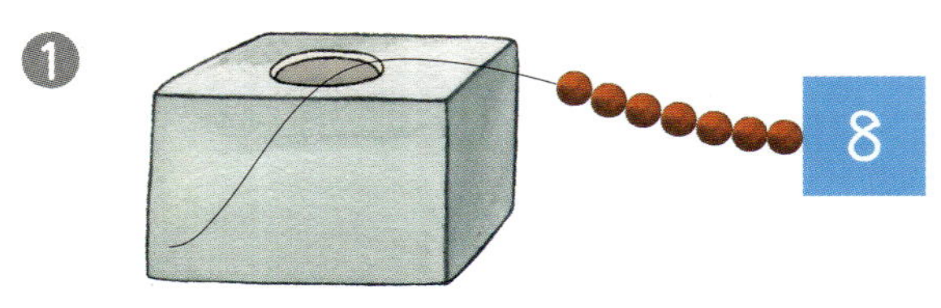

☐ + 7 = 8

❷ 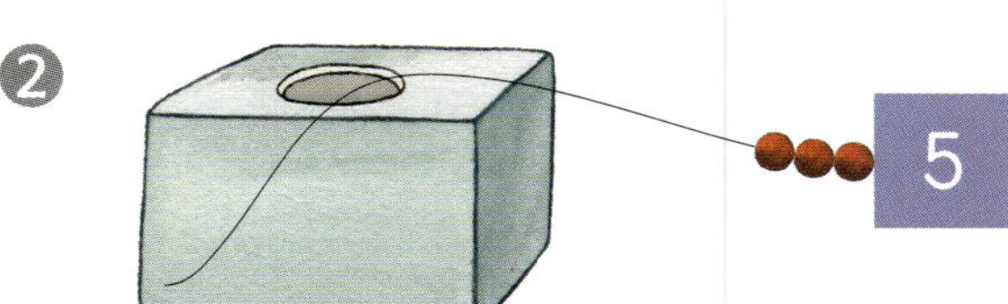

☐ + 3 = 5

❸ 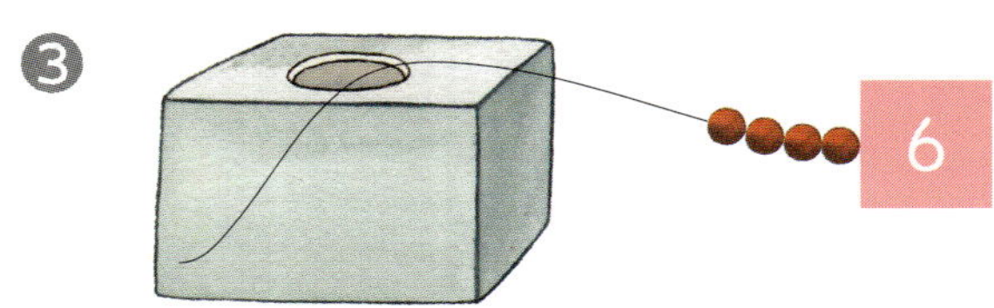

☐ + 4 = 6

❹ 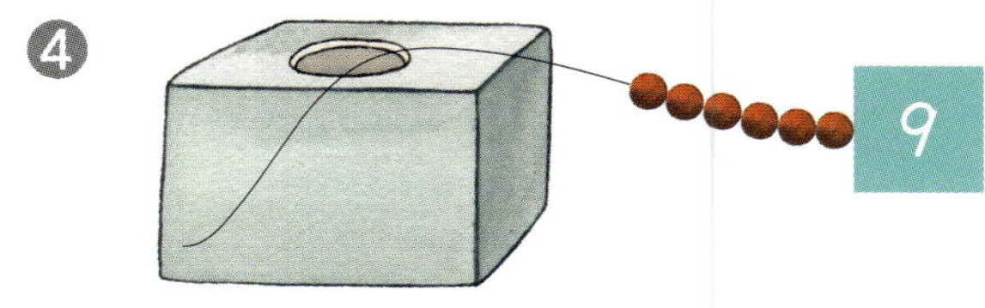

☐ + 6 = 9

❺ 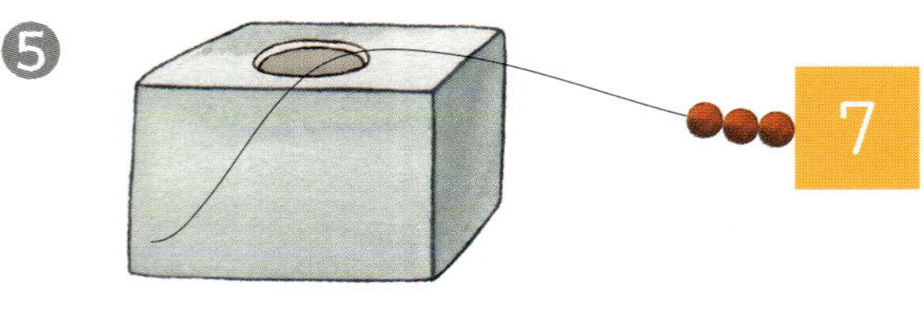

☐ + 3 = 7

❻ 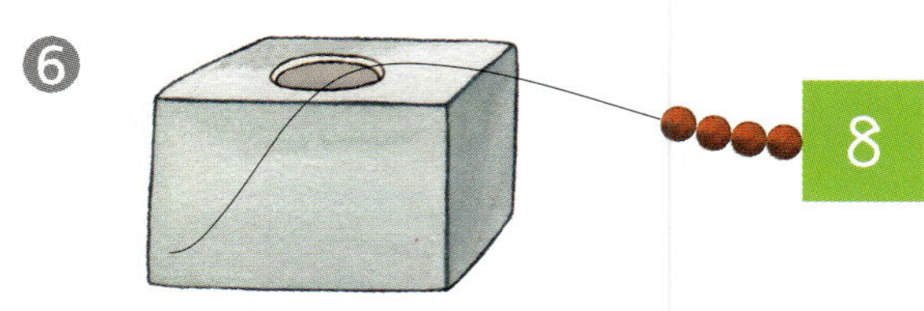

☐ + 4 = 8

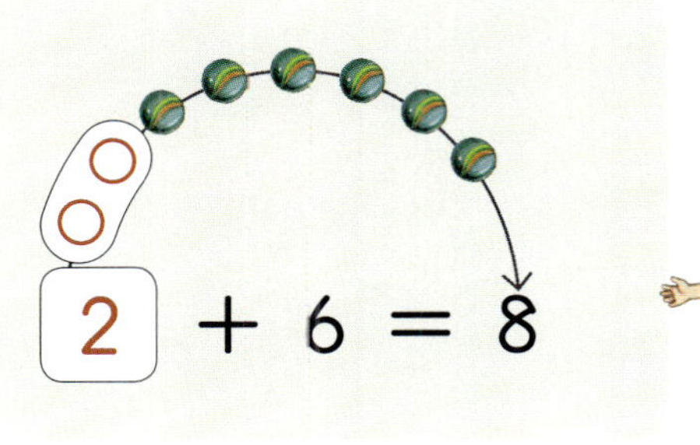

❶ 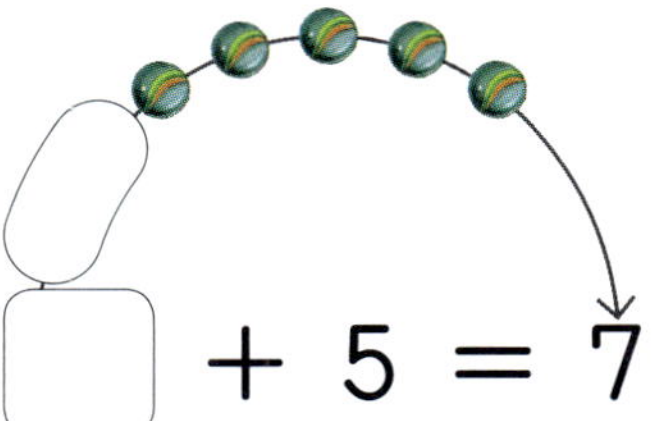
$$\boxed{} + 5 = 7$$

❷ 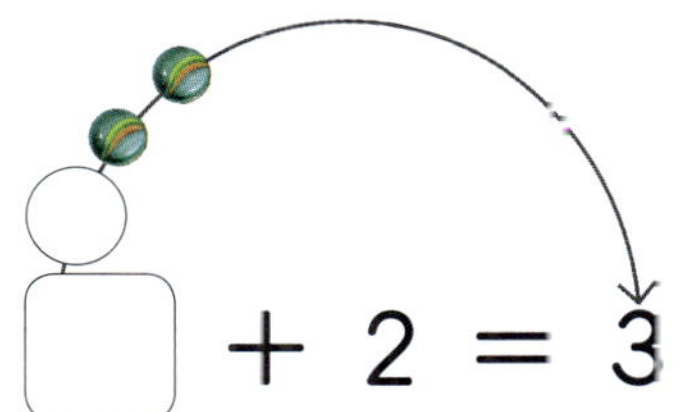
$$\boxed{} + 2 = 3$$

❸ 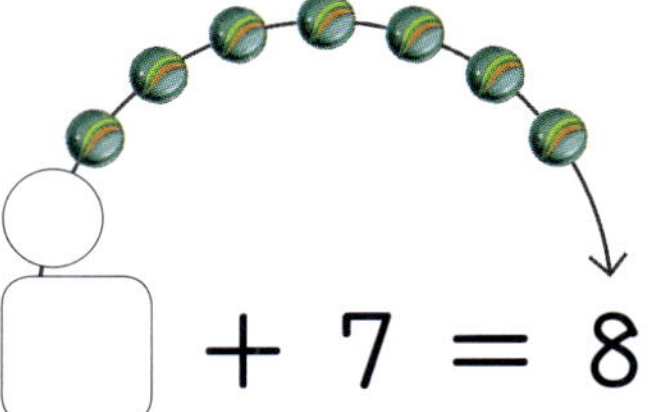
$$\boxed{} + 7 = 8$$

❹
$$\boxed{} + 3 = 5$$

❺ 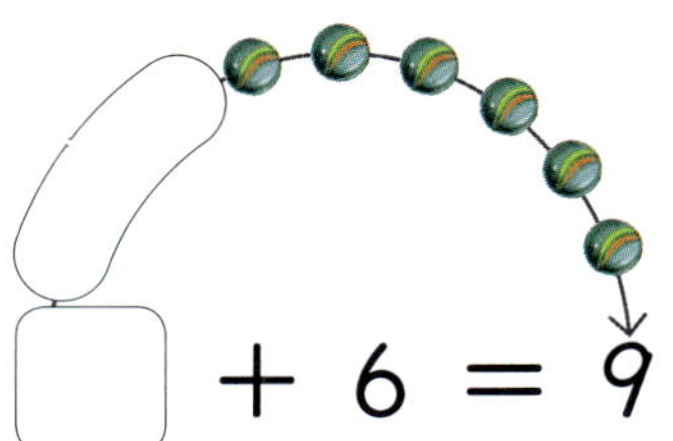
$$\boxed{} + 6 = 9$$

❻ 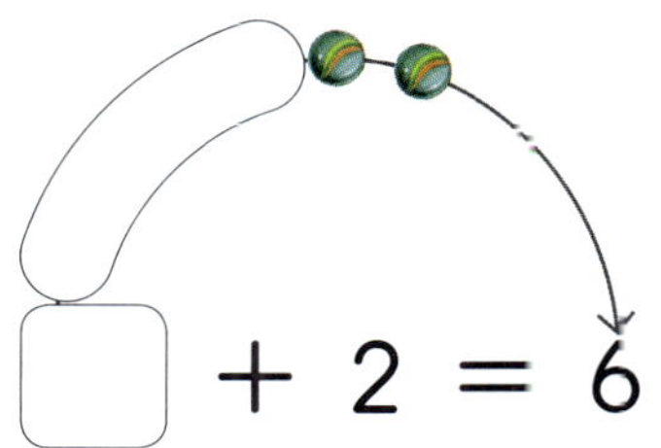
$$\boxed{} + 2 = 6$$

무엇을 배웠을까요

🌲 더하는 수만큼 색칠하고 덧셈을 하세요.

❶ 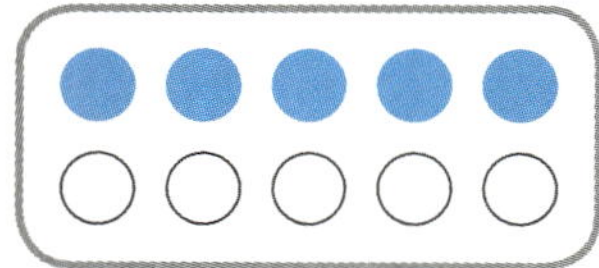

$5 + 1 = \boxed{}$

❷ 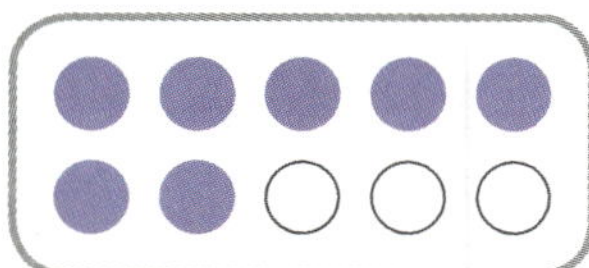

$7 + 2 = \boxed{}$

🌲 덧셈을 하세요.

❸ $6 + 1 = \boxed{}$

❹ $5 + 3 = \boxed{}$

❺ $3 + 4 = \boxed{}$

❻ $7 + 1 = \boxed{}$

🌲 뛰어 세어 덧셈을 하세요.

❼ 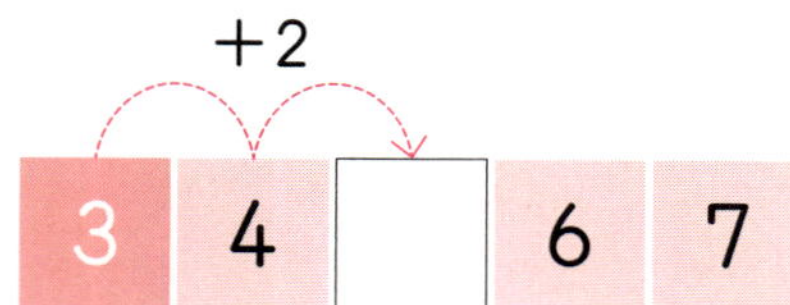

$3 + 2 = \boxed{}$

❽ 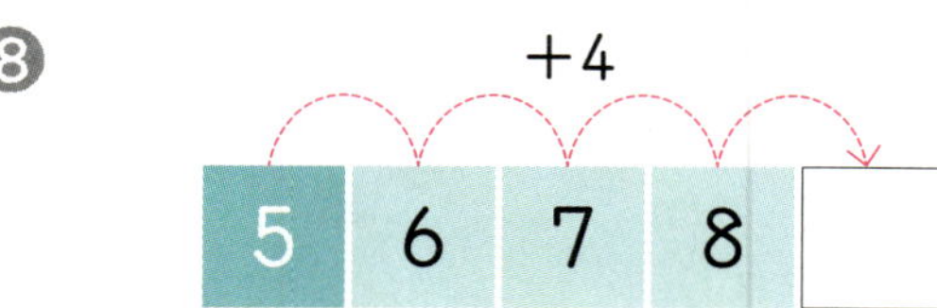

$5 + 4 = \boxed{}$

🌲 바꾸어 더했어요. ☐ 안에 알맞은 수를 쓰세요.

⑨ 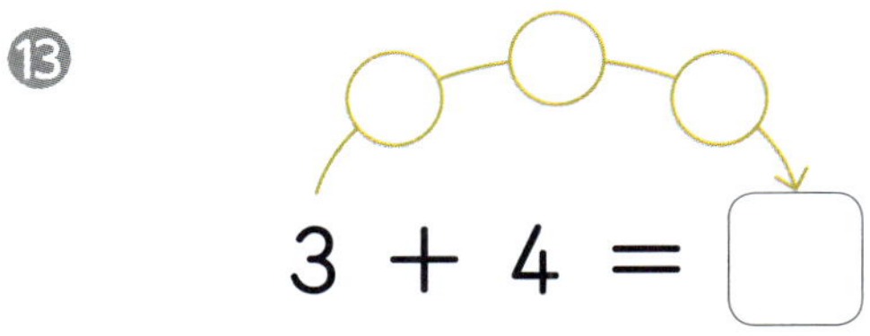
$$1 + 4 = \boxed{}$$
$$4 + 1 = \boxed{}$$

⑩ 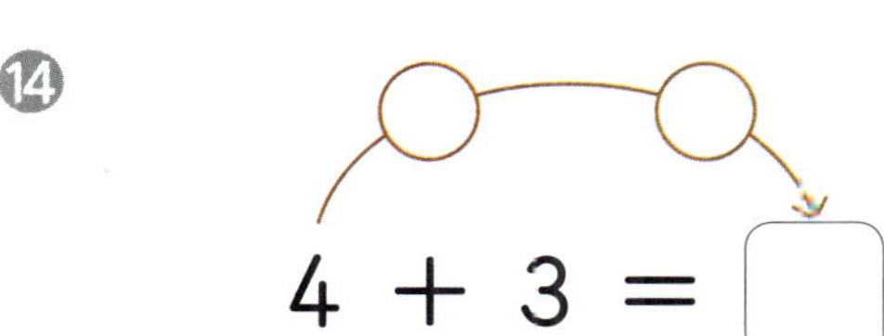
$$2 + 5 = \boxed{}$$
$$5 + 2 = \boxed{}$$

🌲 큰 수에서 작은 수만큼 세어 덧셈을 하세요.

⑪ $1 + 8 = \boxed{}$

⑫ $2 + 7 = \boxed{}$

🌲 더하는 수만큼 순서대로 세어 덧셈을 하려고 해요. 빈 곳에 알맞은 수를 쓰세요.

⑬ 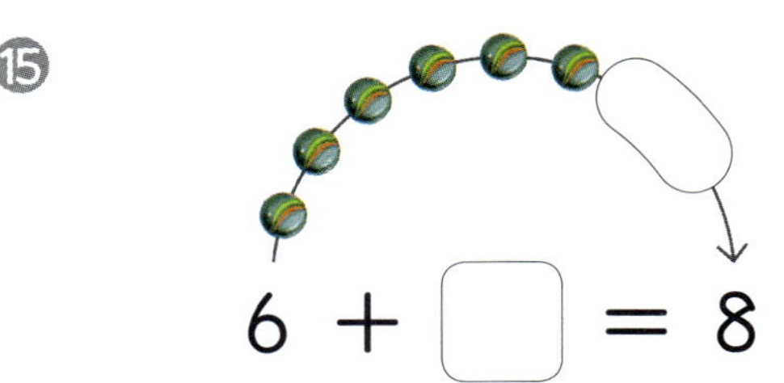
$$3 + 4 = \boxed{}$$

⑭ 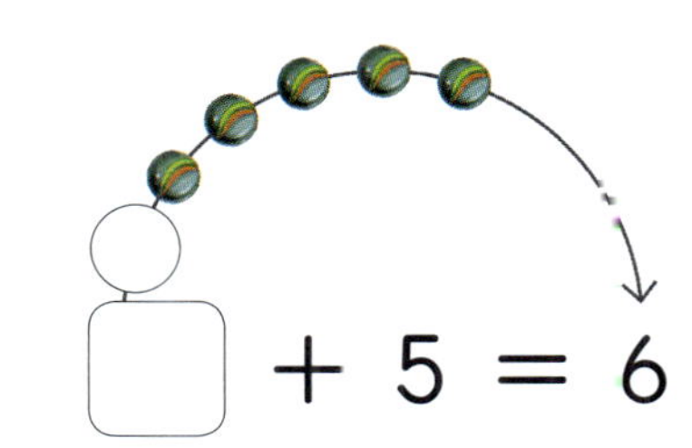
$$4 + 3 = \boxed{}$$

🌲 가려진 구슬만큼 빈 곳에 ◯를 그리고 ☐ 안에 알맞은 수를 쓰세요.

⑮ $6 + \boxed{} = 8$

⑯ $\boxed{} + 5 = 6$

공부한 날 월 일

연산력 게임

QR코드를 찍으면 다양한 연산 게임을 할 수 있어요.

캠핑을 떠나요

빈 곳에 들어갈 자동차는 무엇일까요?

두 수의 합을 아래쪽 자동차에서 찾아 손가락으로 끌어서 넣으세요.
5를 넣으면 정답입니다.

오른쪽 손에 있는 구슬은 몇 개일까요?

위쪽 수가 양손에 있는 구슬 수의 합이 되도록 오른손에 있는 구슬 수를 알아보세요.
구슬이 6개인 칸을 누르면 정답입니다.

숨겨진 구슬 찾기

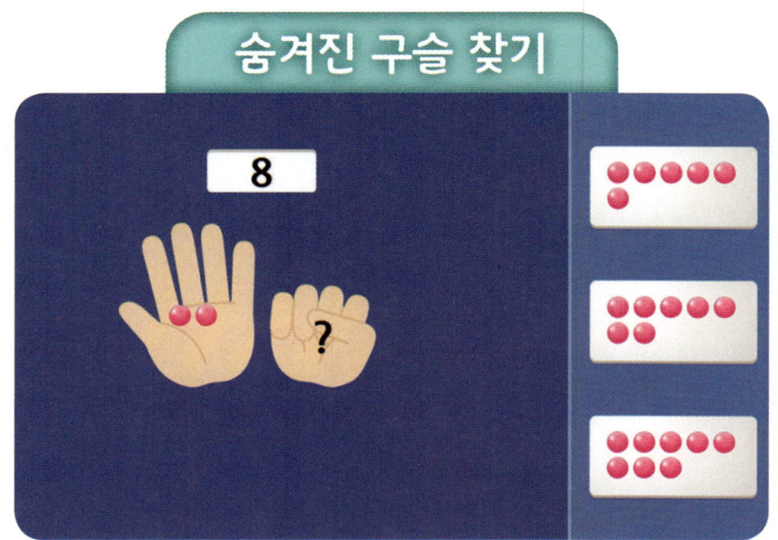

덧셈구구 전략

▶ 연산 보충 학습(108쪽)에서 더 풀어 보세요.

학부모 지도 가이드

'8+3'과 같이 합이 10보다 큰 덧셈을 쉽게 계산하는 방법을 공부합니다. 8에서 3을 붙여 세는 방법(9, 10, 11)으로 합을 구해 봅니다.

더불어 1부터 9까지의 수의 두 배를 이용하여 한 자리 수의 덧셈을 하는 방법을 달게 합니다.

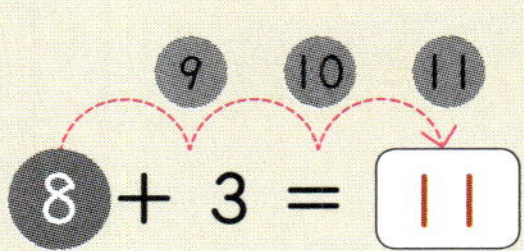

계속 세어 덧셈하기

현우가 테이프의 구멍에 색칠하고 있어요.

🌳 더하는 수만큼 색칠하고 덧셈을 하세요.

❶
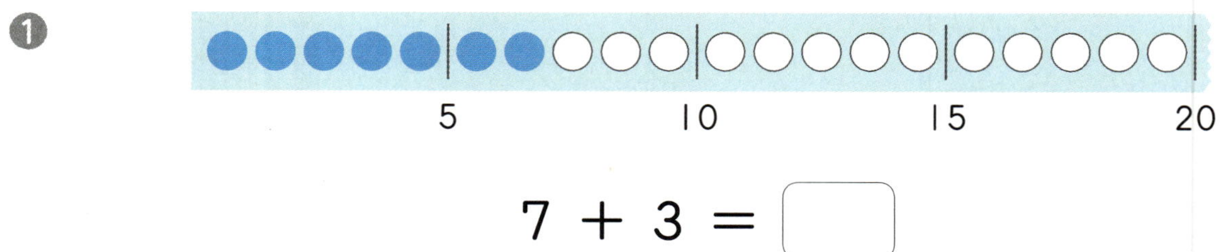

$$7 + 3 = \boxed{}$$

❷
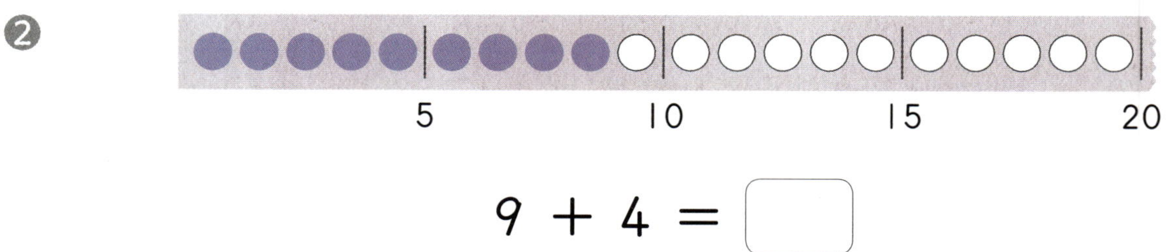

$$9 + 4 = \boxed{}$$

❸

$$7 + 5 = \boxed{}$$

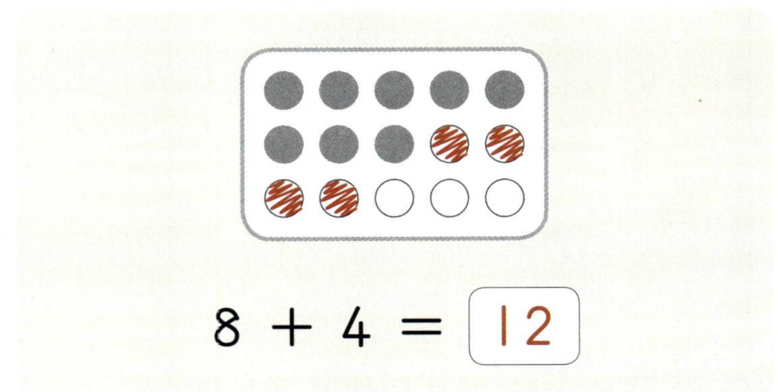

$$8 + 4 = \boxed{12}$$

① 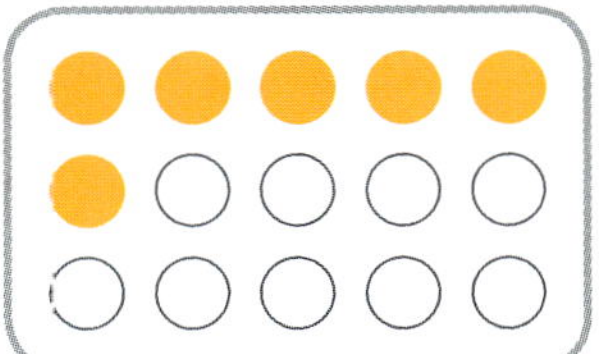

$$6 + 4 = \boxed{}$$

② 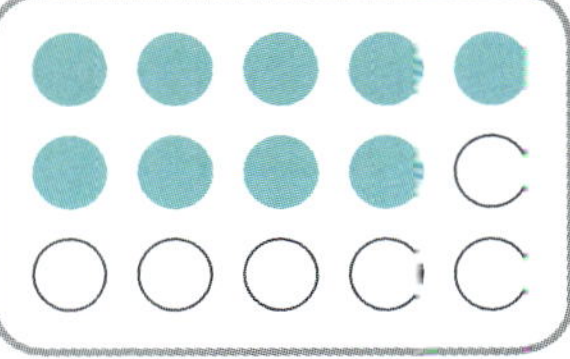

$$9 + 2 = \boxed{}$$

③ 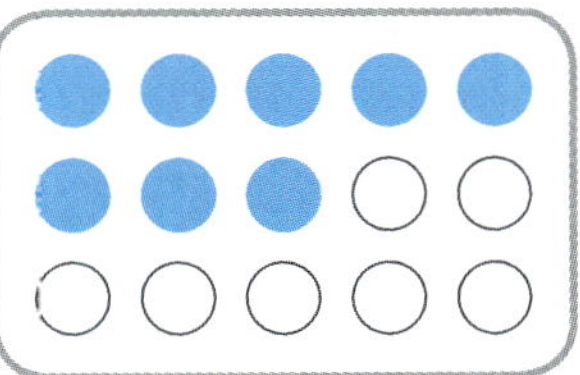

$$8 + 5 = \boxed{}$$

④ 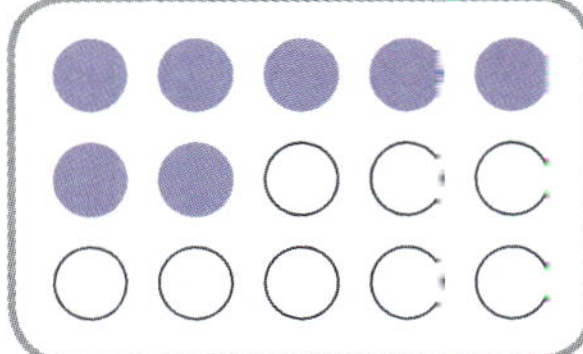

$$7 + 4 = \boxed{}$$

⑤ 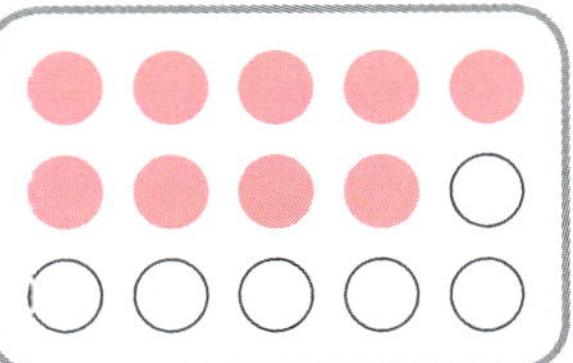

$$9 + 3 = \boxed{}$$

⑥ 

$$9 + 4 = \boxed{}$$

티나와 큐리가 주사위 놀이를 하려고 해요.

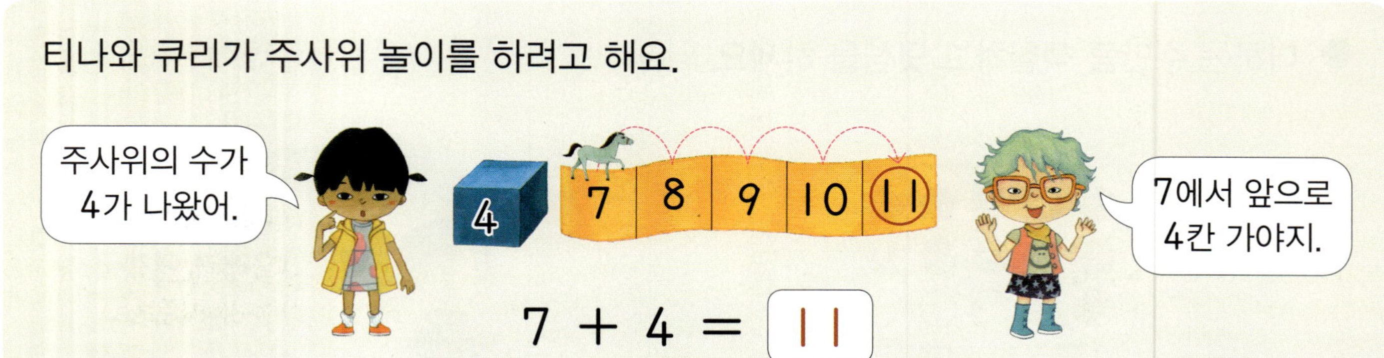

🌳 말이 있는 칸에서 주사위의 수만큼 뛰어 간 곳에 ○표 하고 덧셈을 하세요.

❶
4 | 6 7 8 9 10

$6 + 4 = \boxed{}$

❷
3 | 8 9 10 11 12

$8 + 3 = \boxed{}$

❸
2 | 8 9 10 11 12

$9 + 2 = \boxed{}$

❹
4 | 8 9 10 11 12

$8 + 4 = \boxed{}$

❺
4 | 7 8 9 10 11

$7 + 4 = \boxed{}$

❻
2 | 7 8 9 10 11

$8 + 2 = \boxed{}$

🌳 **덧셈을 하세요.**

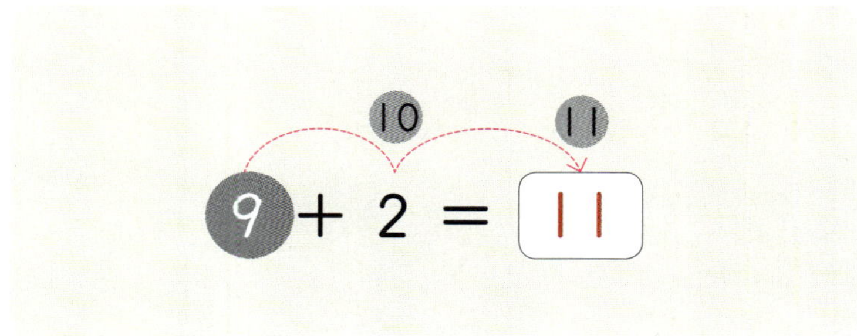

① $9 + 1 = \boxed{}$

② $9 + 3 = \boxed{}$

③ $8 + 3 = \boxed{}$

④ $9 + 4 = \boxed{}$

⑤ $8 + 4 = \boxed{}$

⑥ $7 + 3 = \boxed{}$

⑦ $8 + 2 = \boxed{}$

⑧ $9 + 2 = \boxed{}$

⑨ $7 + 4 = \boxed{}$

⑩ $6 + 4 = \boxed{}$

두 배

🌱 빵집 선반에 곰보빵, 도넛, 단팥빵이 놓여 있어요. 빈 곳에 같은 개수만큼 ◯를 그린 다음 전체 개수를 ☐ 안에 쓰세요.

① 2 → 2배 → □

② 4 → 2배 → □

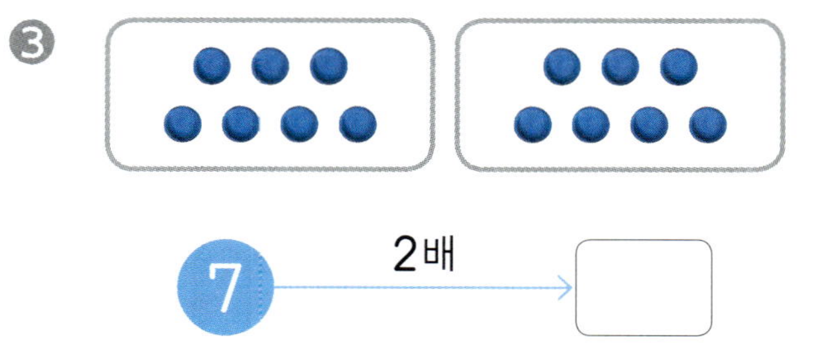

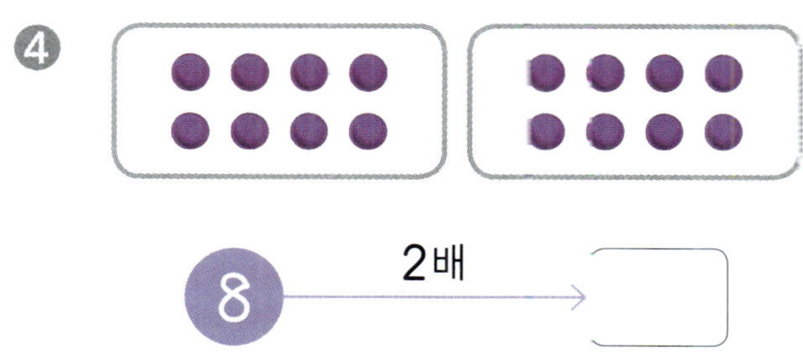

③ 7 → 2배 → □

④ 8 → 2배 → □

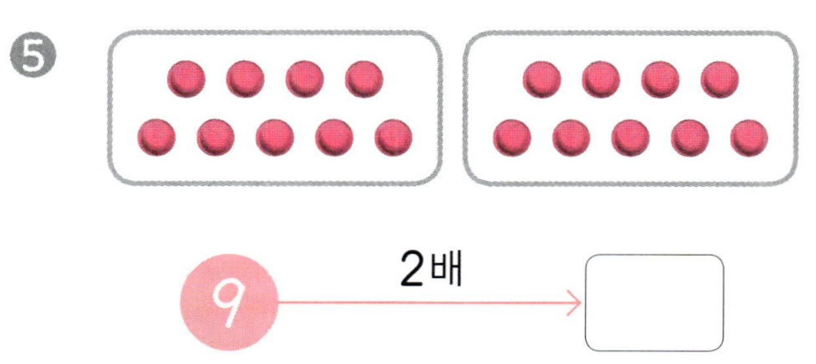

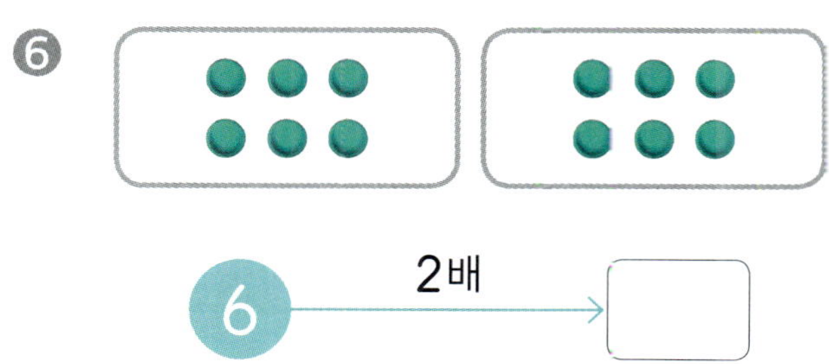

⑤ 9 → 2배 → □

⑥ 6 → 2배 → □

현우가 같은 길이의 막대 2개를 붙였어요.

🌳 2배를 구하여 ☐ 안에 알맞은 수를 쓰세요.

❶

5 ＋ 5 ＝ ☐

❷ 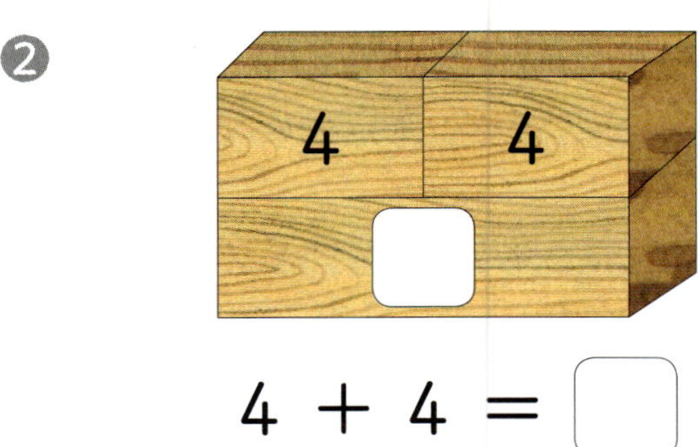

4 ＋ 4 ＝ ☐

❸

7 ＋ 7 ＝ ☐

❹ 

3 ＋ 3 ＝ ☐

🌳 ☐ 안에 알맞은 수를 쓰세요.

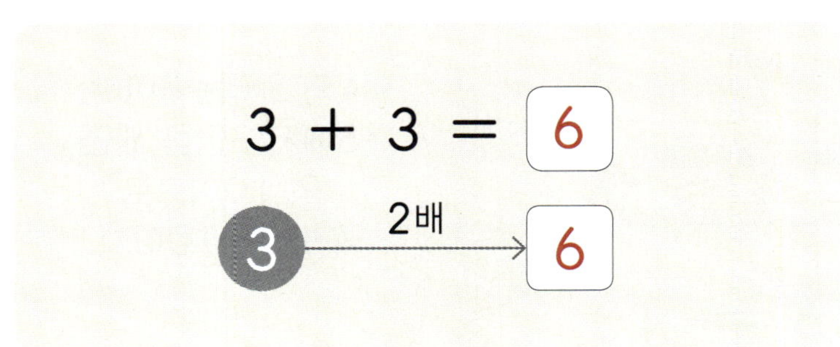

❶ 2 + 2 = ☐
2 2배 → ☐

❷ 1 + 1 = ☐
1 2배 → ☐

❸ 4 + 4 = ☐
4 2배 → ☐

❹ 6 + 6 = ☐
6 2배 → ☐

❺ 7 + 7 = ☐
7 2배 → ☐

❻ 5 + 5 = ☐
5 2배 → ☐

❼ 8 + 8 = ☐
8 2배 → ☐

❽ 9 + 9 = ☐
9 2배 → ☐

공부한 날

월

일

두 배를 활용한 덧셈

현우가 사탕의 수를 세고 있어요.

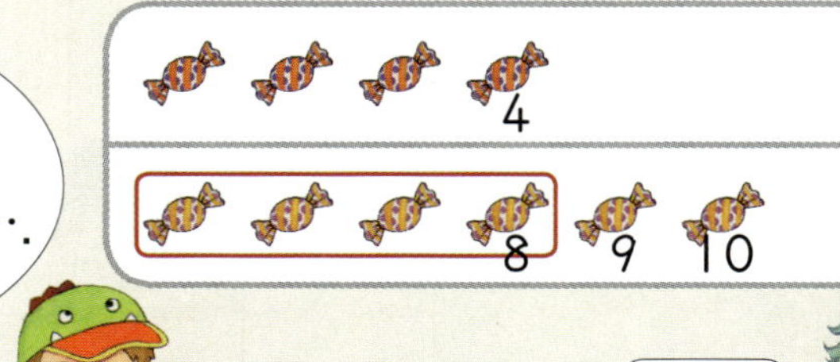

🌳 큰 묶음에서 작은 수만큼 ☐로 묶고 두 배를 활용하여 덧셈을 하세요.

①

$$5 + 3 = \boxed{}$$

②

$$5 + 7 = \boxed{}$$

③

$$3 + 4 = \boxed{}$$

④

$$7 + 6 = \boxed{}$$

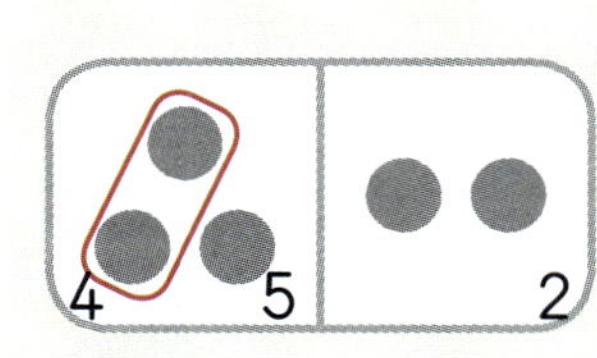

$3 + 2 = 5$

❶ 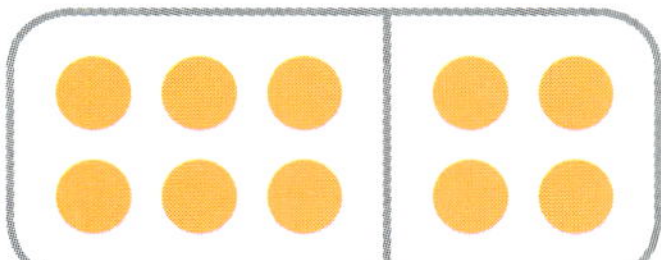

$6 + 4 = $ ☐

❷ 

$6 + 5 = $ ☐

❸ 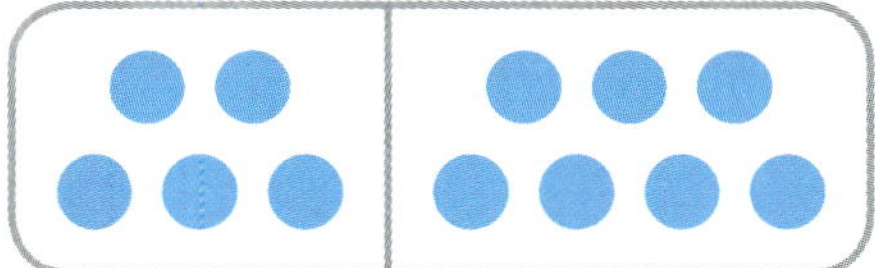

$5 + 7 = $ ☐

❹ 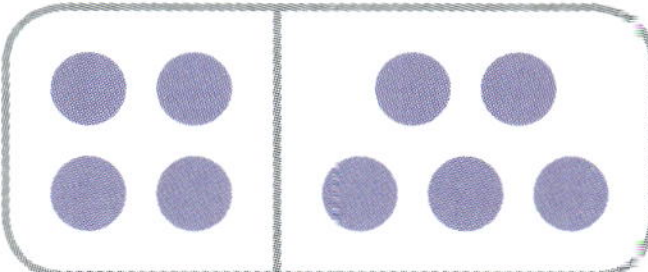

$4 + 5 = $ ☐

❺ 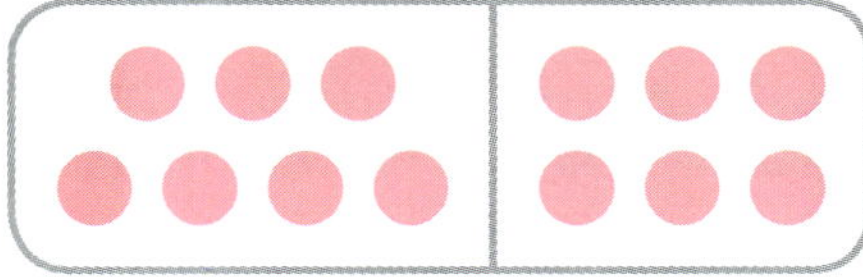

$7 + 6 = $ ☐

❻ 

$6 + 8 = $ ☐

🌳 빈 곳에 알맞은 수를 써넣어 덧셈을 하세요.

❶

❷

❸ 

❹ 

$$6 + 6 = 12$$
$$7 + 6 = \boxed{13}$$

❶
$$4 + 4 = 8$$
$$4 + 5 = \boxed{}$$

❷
$$3 + 3 = 6$$
$$3 + 4 = \boxed{}$$

❸
$$6 + 6 = 12$$
$$8 + 6 = \boxed{}$$

❹
$$5 + 5 = 10$$
$$6 + 5 = \boxed{}$$

❺
$$8 + 8 = 16$$
$$8 + 9 = \boxed{}$$

❻
$$7 + 7 = 14$$
$$7 + 9 = \boxed{}$$

무엇을 배웠을까요

🌲 더하는 수만큼 색칠하고 덧셈을 하세요.

❶

5   10   15   20

$8 + 2 = \boxed{}$

❷

5   10   15   20

$9 + 3 = \boxed{}$

🌲 말이 있는 칸에서 주사위의 수만큼 뛰어 간 곳에 ◯표 하고 덧셈을 하세요.

❸

3

| 7 | 8 | 9 | 10 | 11 |

$7 + 3 = \boxed{}$

❹

4

| 9 | 10 | 11 | 12 | 13 |

$9 + 4 = \boxed{}$

🌲 덧셈을 하세요.

❺　　$6 + 5 = \boxed{}$

❻　　$9 + 6 = \boxed{}$

🌲 2배를 구하여 ☐ 안에 알맞은 수를 쓰세요.

⑦ 

$$2 + 2 = \boxed{}$$

⑧ 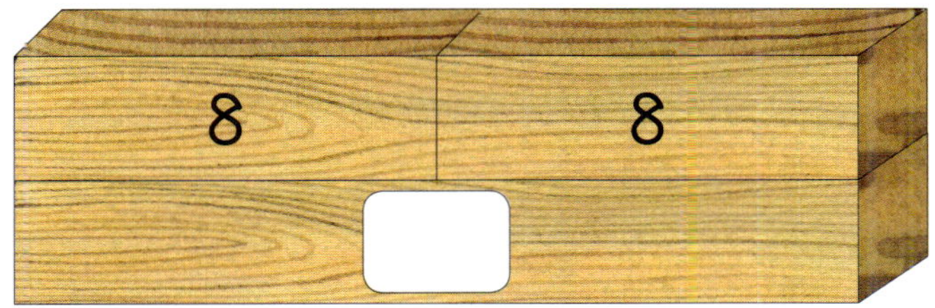

$$8 + 8 = \boxed{}$$

🌲 큰 묶음에서 작은 수만큼 ☐로 묶고 두 배를 활용하여 덧셈을 하세요.

⑨ 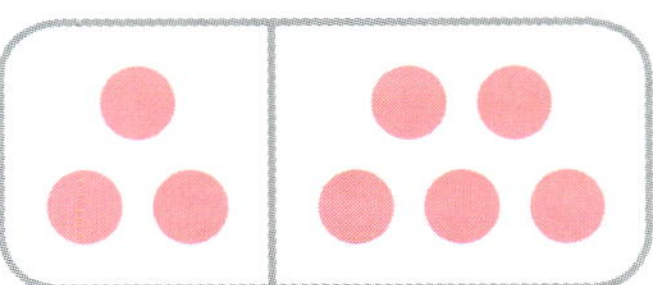

$$3 + 5 = \boxed{}$$

⑩ 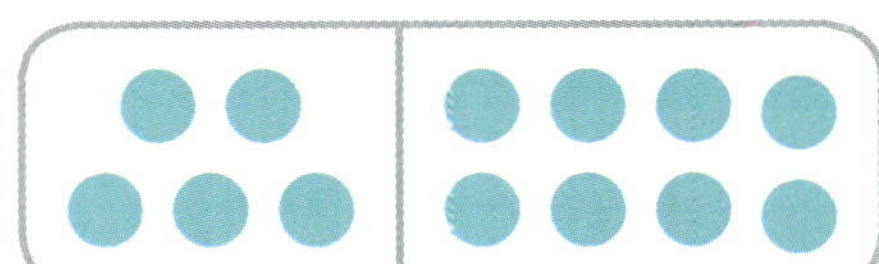

$$5 + 8 = \boxed{}$$

🌲 두 배를 활용하여 덧셈을 하세요.

⑪ $2 + 2 = 4$

$(+2)$ $(+2)$

$4 + 2 = \boxed{}$

⑫ $6 + 6 = 12$

$(+1)$ $(+1)$

$6 + 7 = \boxed{}$

연산력 게임

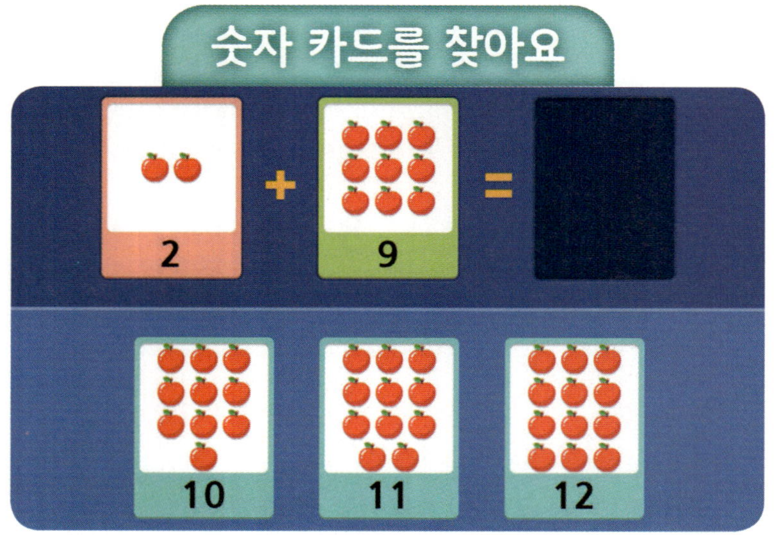

사과의 수는 모두 몇 개일까요?

아래쪽에서 사과의 수의 합을 찾아 손가락으로 끌어서 넣으세요.

11을 넣으면 정답입니다.

두 수의 덧셈을 해 보세요.

시작 버튼을 누르면 게임기가 돌아간 후 문제가 나와요.

아래쪽에서 답을 찾아 손가락으로 누르세요.

18을 누르면 정답입니다.

합이 10이 되는 덧셈

▶ 연산 보충 학습(109쪽)에서 더 풀어 보세요.

학부모 지도 가이드

두 수를 더해 10을 만들고 10의 보수를 공부합니다. 10의 보수란 합이 10이 되게 하는 수, 예를 들어 10의 3에 대한 보수는 7입니다. 10의 보수는 그림으로 이해하거나 외워서 풀도록 지도합니다. 또한 10이 되는 두 수를 찾아 세 수의 덧셈을 할 수 있습니다.

10 모으기

🌱 모아서 10개가 되는 것끼리 선으로 이으세요.

❶

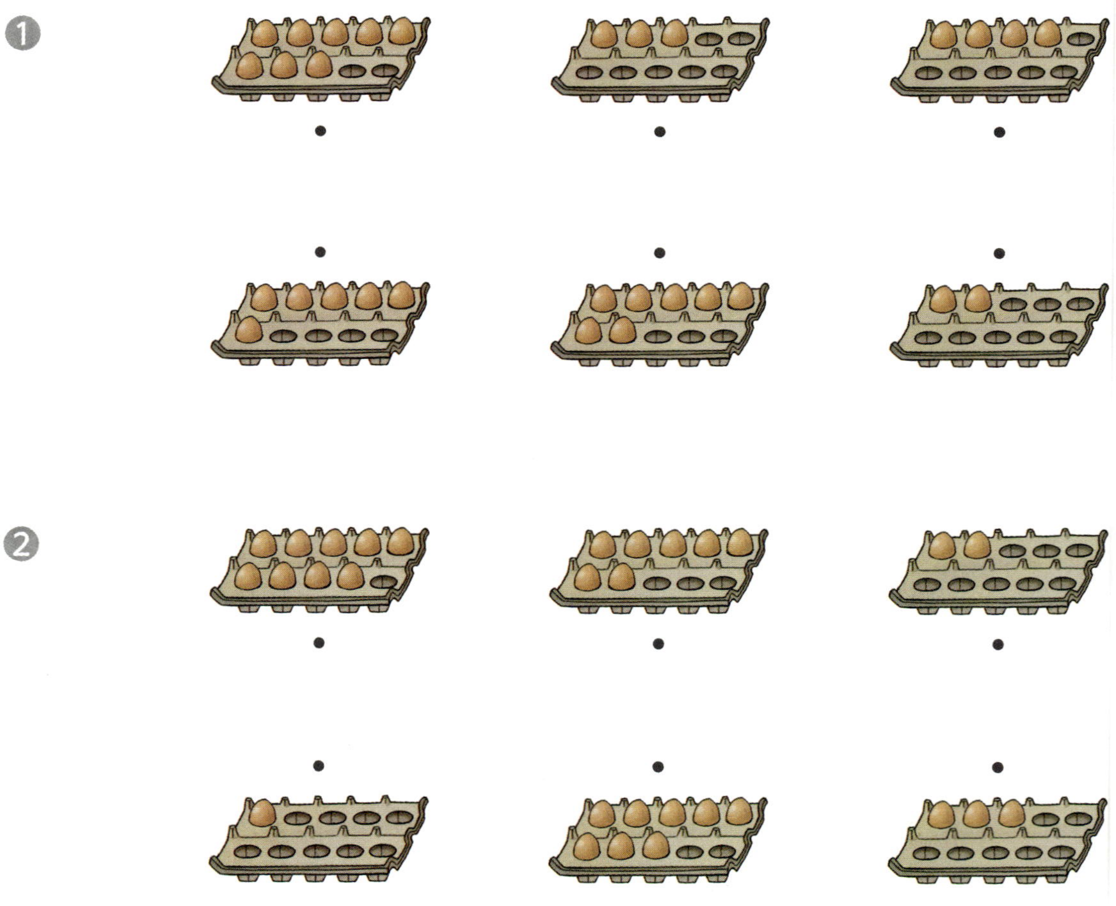

❷

🌱 I0개가 되도록 ◯를 그리고 그린 개수를 쓰세요.

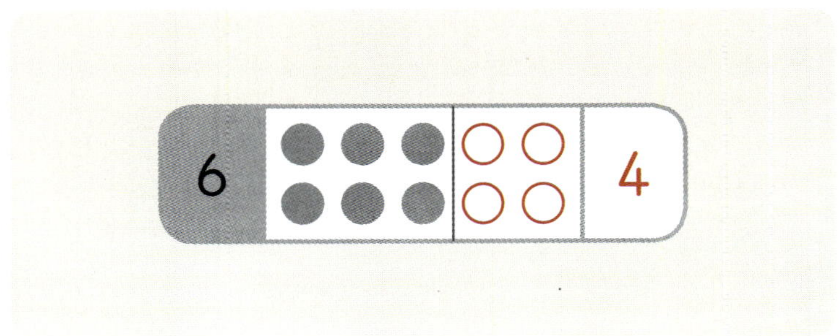

❶ 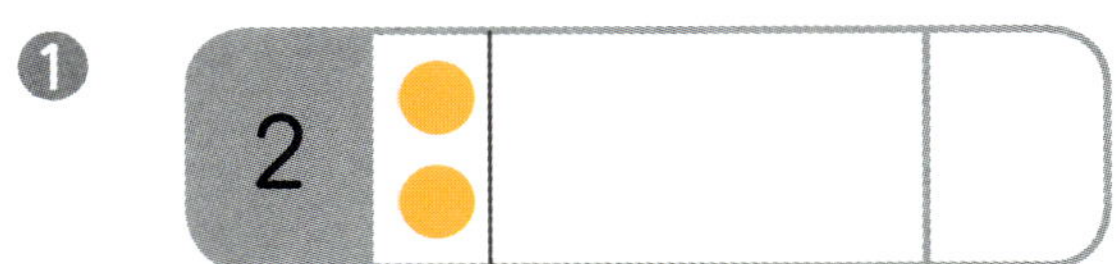

❷ 

❸ 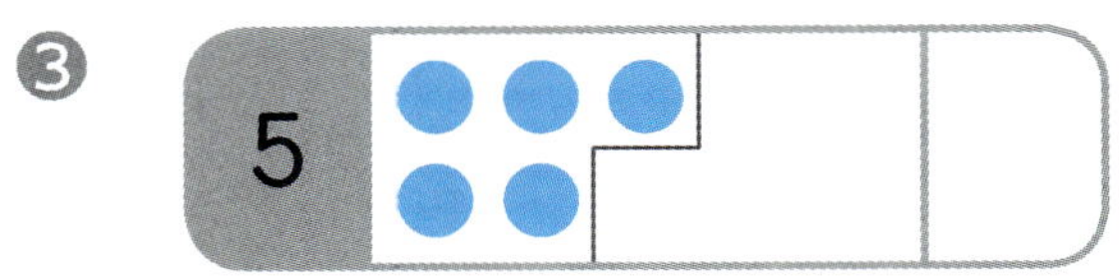

❹ 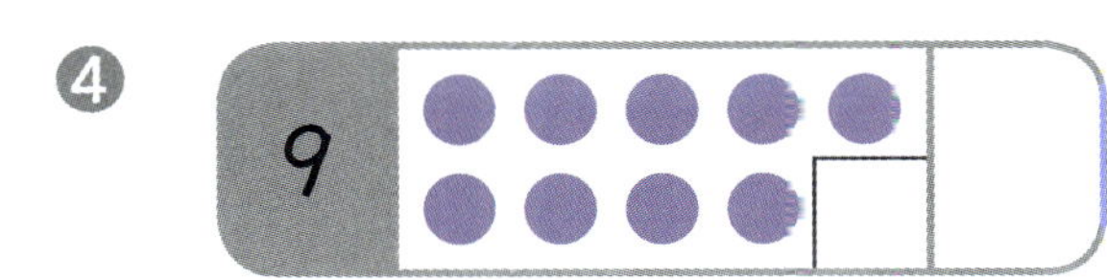

❺ 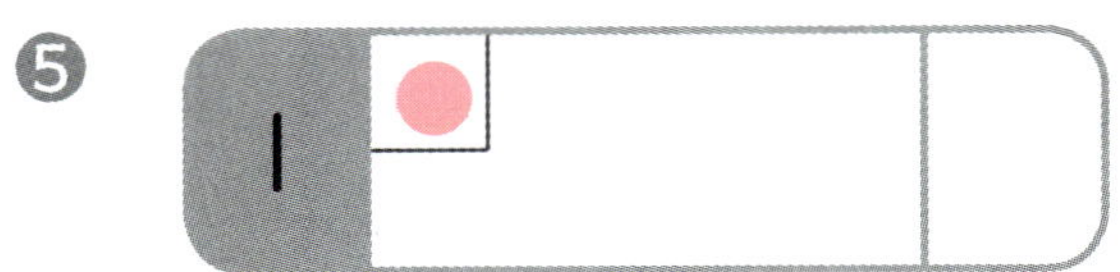

❻ 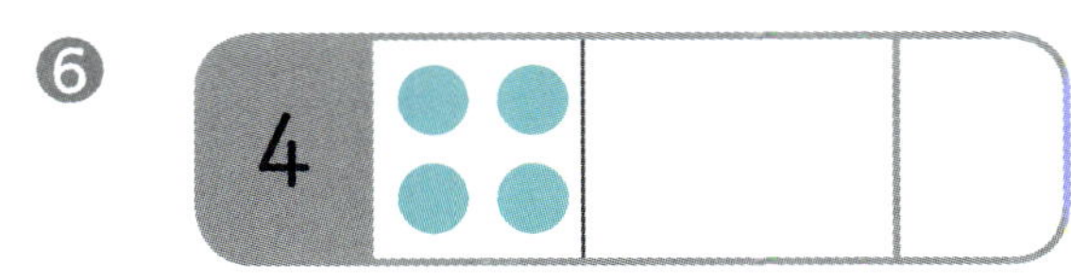

❼ 

❽ 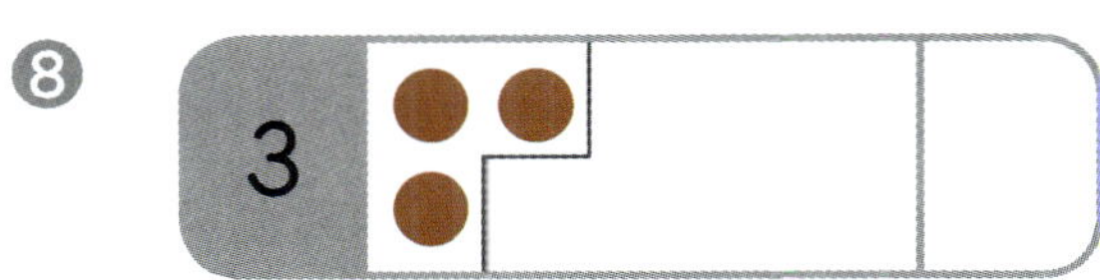

태돌이가 구슬을 모으고 있어요.

10
1 2 3 4 5 6 7 8 9
1 9
10

| 과 9를
모으면 10이야.

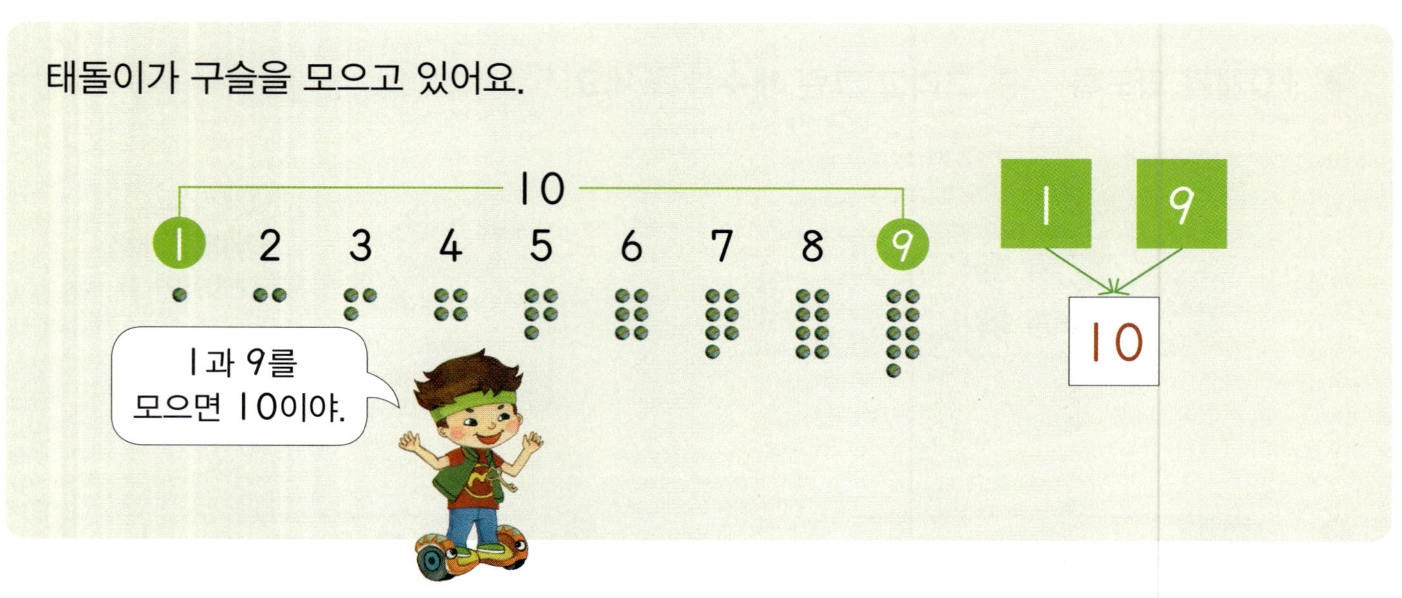

선으로 이어진 두 수를 모아 빈 곳에 쓰세요.

❶

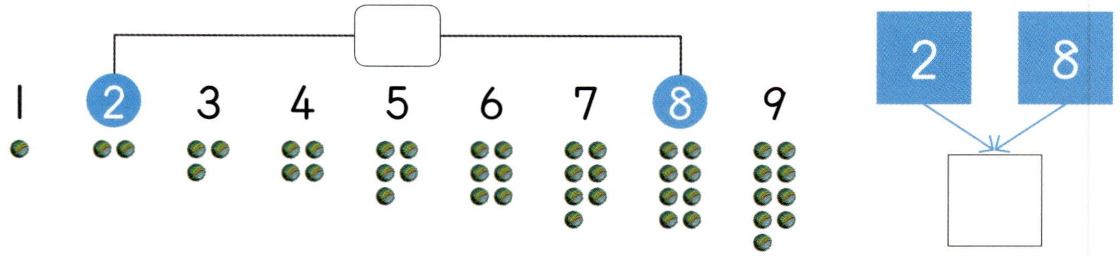
1 2 3 4 5 6 7 8 9
2 8

❷

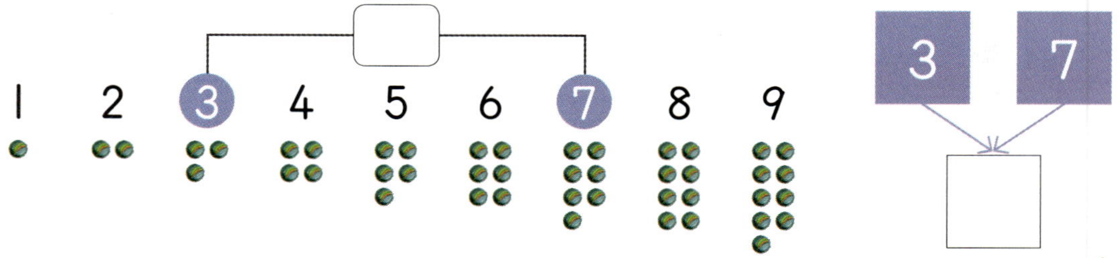
1 2 3 4 5 6 7 8 9
3 7

❸

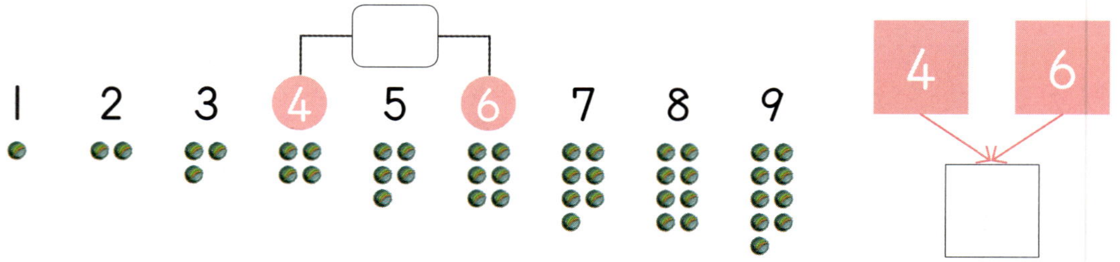
1 2 3 4 5 6 7 8 9
4 6

두 수를 모아서 10을 만들었어요. 빈 곳에 알맞은 수를 쓰세요.

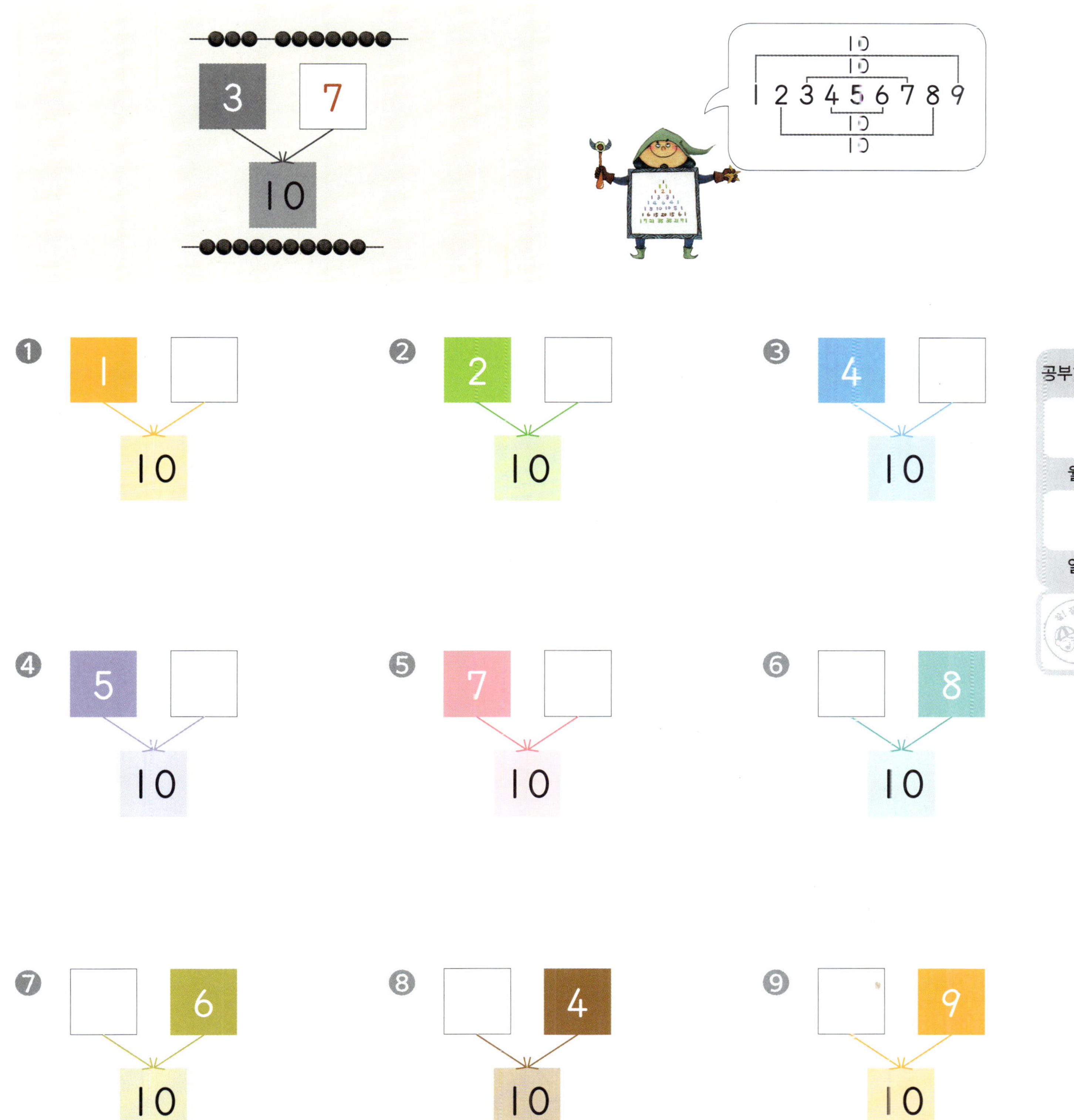

합이 10이 되는 덧셈

현우가 나뭇잎을 그리고 있어요.

$$5 + \boxed{5} = 10$$

🌳 10장이 되도록 가지에 ◯를 그리고 ☐ 안에 알맞은 수를 쓰세요.

❶
$$8 + \boxed{} = 10$$

❷
$$9 + \boxed{} = 10$$

❸
$$4 + \boxed{} = 10$$

❹
$$7 + \boxed{} = 10$$

🌳 □ 안에 알맞은 수를 쓰세요.

$$7 + \boxed{3} = 10$$

① $3 + \boxed{} = 10$

② $5 + \boxed{} = 10$

③ $1 + \boxed{} = 10$

④ $6 + \boxed{} = 10$

⑤ $8 + \boxed{} = 10$

⑥ $2 + \boxed{} = 10$

⑦ $4 + \boxed{} = 10$

⑧ $9 + \boxed{} = 10$

태돌이의 취미는 공 모으기예요.

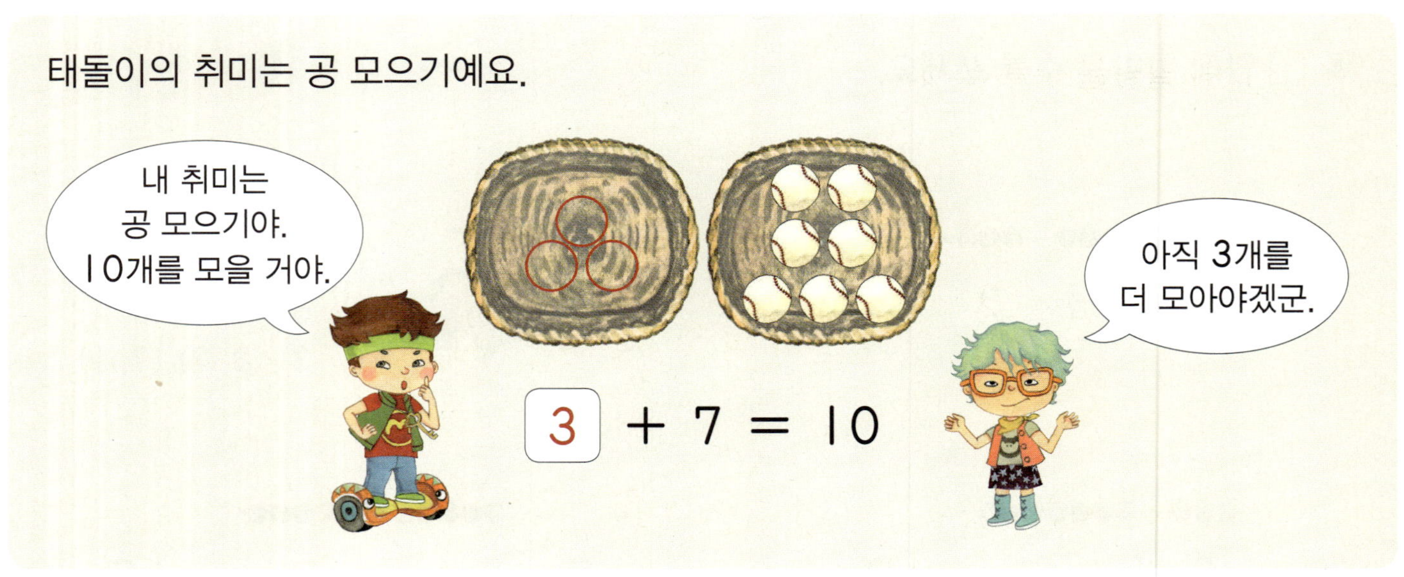

🌳 10개가 되도록 왼쪽 바구니에 ◯를 그리고 ☐ 안에 알맞은 수를 쓰세요.

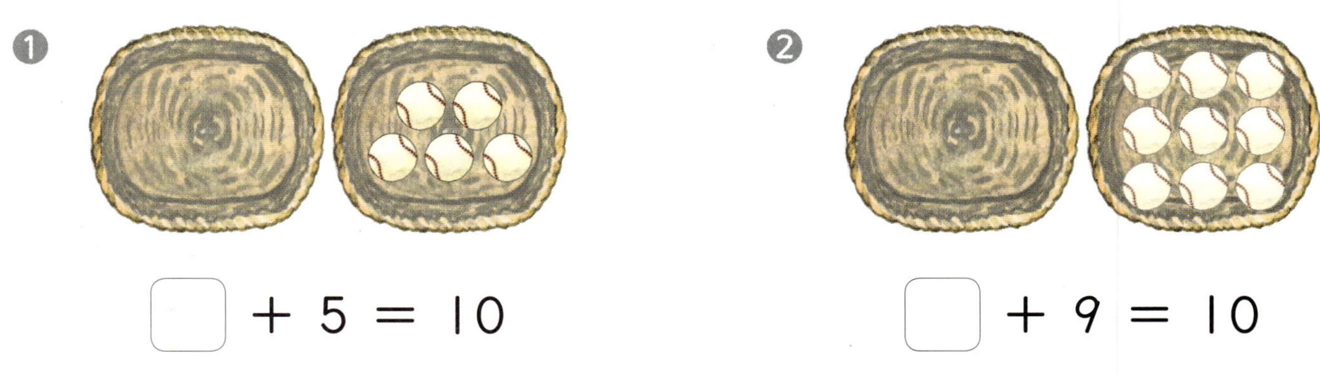

❶ ☐ + 5 = 10

❷ ☐ + 9 = 10

❸ ☐ + 6 = 10

❹ ☐ + 8 = 10

🌳 ☐ 안에 알맞은 수를 쓰세요.

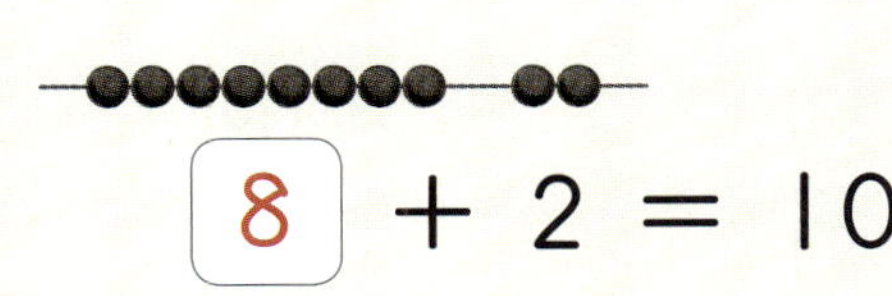

$$8 + 2 = 10$$

① ☐ $+ 7 = 10$

② ☐ $+ 4 = 10$

③ ☐ $+ 5 = 10$

④ ☐ $+ 6 = 10$

⑤ ☐ $+ 3 = 10$

⑥ ☐ $+ 8 = 10$

⑦ ☐ $+ 1 = 10$

⑧ ☐ $+ 9 = 10$

공부한 날

월

일

10 만들기

태돌이가 현우의 집 창문에 색칠을 했어요.

🌳 모으면 10이 되는 2개의 창문을 찾아 색칠하세요.

❶

❷

❸

❹

🌳 모으면 10이 되는 두 수에 ◯표 하세요.

❶

❷

❸

❹

태돌이는 풍선 2개를 말뚝에 매달고 있어요.

🌳 두 수를 모아 10이 되도록 선으로 이으세요.

❶ 5 6 7 5

10

❷ 6 8 2 1

10

❸ 4 3 5 7

10

❹ 2 7 4 6

10

🌳 10이 되는 두 수의 덧셈식을 모두 완성하세요.

$$1 + 9 = 10$$

❶ $2 + \boxed{} = 10$　　　❷ $3 + \boxed{} = 10$

❸ $4 + \boxed{} = 10$　　　❹ $5 + \boxed{} = 10$

❺ $6 + \boxed{} = 10$　　　❻ $7 + \boxed{} = 10$

❼ $8 + \boxed{} = 10$　　　❽ $9 + \boxed{} = 10$

10이 되는 두 수 찾아 덧셈하기

🌲 작은 어항의 물고기를 큰 어항으로 옮겨 10마리를 만들었어요. 바닥에 있는 어항 속의 금붕어는 모두 몇 마리인지 쓰세요.

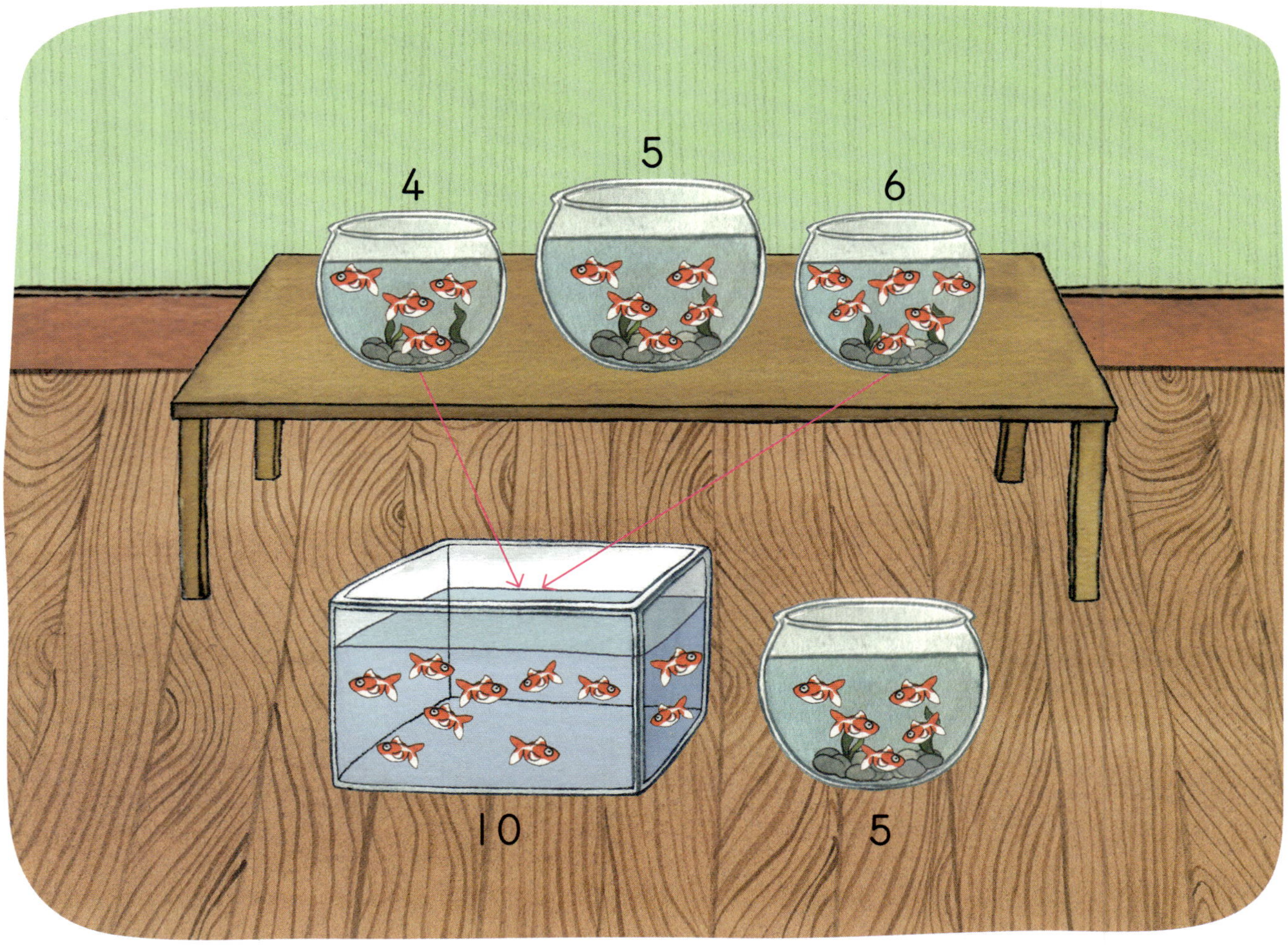

$$9 + 1 + 5 = \boxed{15}$$
$$\boxed{10} + 5 = \boxed{15}$$

❶ $3 + 7 + 8 = \boxed{}$
$$\boxed{} + 8 = \boxed{}$$

❷ $6 + 4 + 2 = \boxed{}$
$$\boxed{} + 2 = \boxed{}$$

❸ $9 + 7 + 3 = \boxed{}$
$$9 + \boxed{} = \boxed{}$$

❹ $6 + 5 + 5 = \boxed{}$
$$6 + \boxed{} = \boxed{}$$

❺ $8 + 1 + 2 = \boxed{}$
$$\boxed{} + 1 = \boxed{}$$

❻ $1 + 7 + 9 = \boxed{}$
$$\boxed{} + 7 = \boxed{}$$

양팔 저울을 이용하여 양쪽의 무게가 같도록 만들었어요.

🌳 추에 적힌 세 수를 더하여 ☐ 안에 알맞은 수를 쓰세요.

❶
7 6 3
10

❷
9 4 6
10

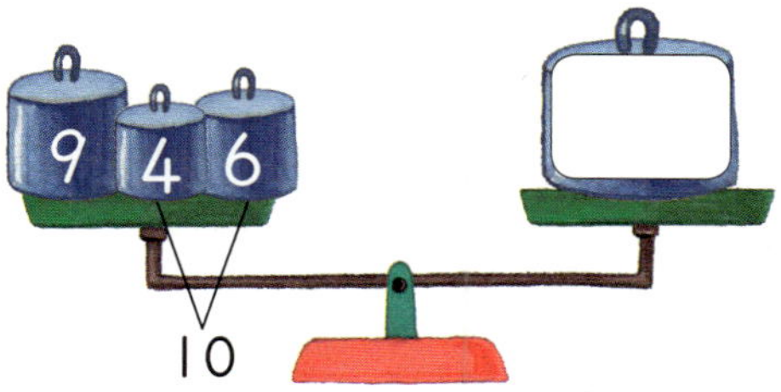

❸
5 5 3

❹
1 4 9

❺
7 8 2

❻
8 3 7

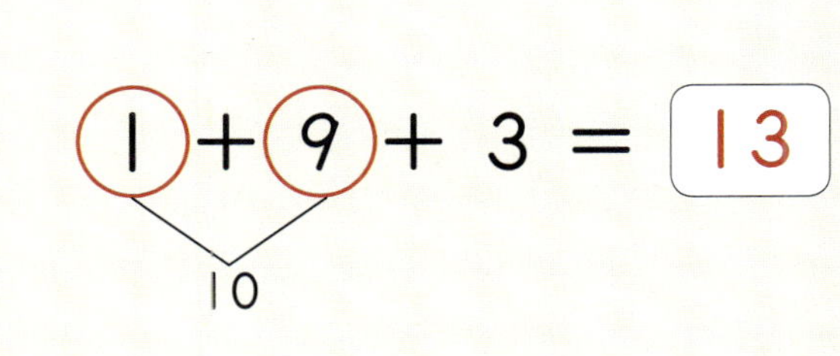

❶ 3 + 5 + 7 = ☐

❷ 2 + 5 + 5 = ☐

❸ 9 + 4 + 6 = ☐

❹ 3 + 7 + 6 = ☐

❺ 9 + 6 + 1 = ☐

❻ 3 + 6 + 4 = ☐

❼ 8 + 2 + 7 = ☐

❽ 5 + 9 + 5 = ☐

❾ 2 + 7 + 3 = ☐

❿ 6 + 2 + 8 = ☐

공부한 날

월

일

🌲 두 수를 모아서 10을 만들었어요. 빈 곳에 알맞은 수를 쓰세요.

❶ 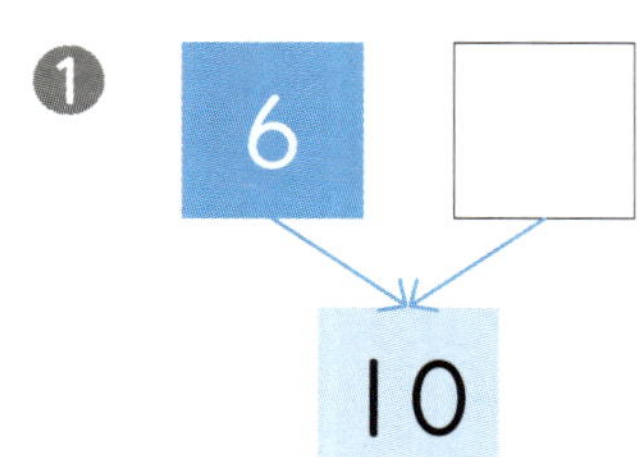

❷ 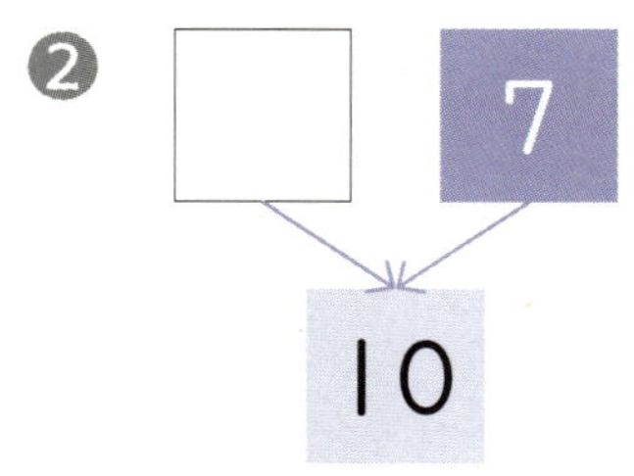

❸ 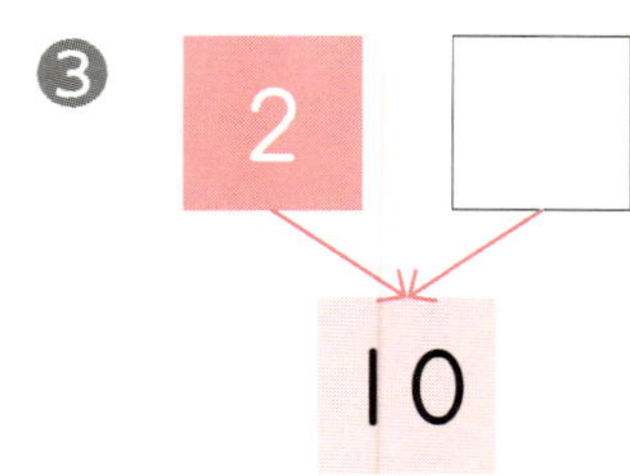

🌲 □ 안에 알맞은 수를 쓰세요.

❹ $5 + \boxed{} = 10$

❺ $\boxed{} + 8 = 10$

❻ $9 + \boxed{} = 10$

❼ $\boxed{} + 6 = 10$

🌲 모으면 10이 되는 두 수에 ◯표 하세요.

❽ 

❾ 

🔺 두 수를 모아 10이 되도록 선으로 이으세요.

⑩    

⑪    

🔺 ☐ 안에 알맞은 수를 쓰세요.

⑫ $1 + 9 + 6 = \boxed{}$
   $\boxed{} + 6 = \boxed{}$

⑬ $4 + 5 + 6 = \boxed{}$
   $\boxed{} + 5 = \boxed{}$

공부한 날
월
일

🔺 합이 10이 되는 두 수를 찾아 ◯표 하고 덧셈을 하세요.

⑭ $5 + 7 + 5 = \boxed{}$

⑮ $8 + 2 + 4 = \boxed{}$

⑯ $3 + 2 + 7 = \boxed{}$

⑰ $6 + 9 + 1 = \boxed{}$

연산력 게임

QR코드를 찍으면 다양한 연산 게임을 할 수 있어요.

과일 10개를 모아 보세요.

아래쪽에 있는 과일을 손가락 으로 끌어서 10개가 되도록 만들어 보세요.
과일 2개를 옮기면 정답입니다.

도넛 10개를 나누어 보세요.

위쪽에 있는 도넛 10개를 아래쪽 쟁반 위의 수만큼 손가 락으로 끌어서 넣으세요.
왼쪽에 3개, 오른쪽에 7개를 넣으면 정답입니다.

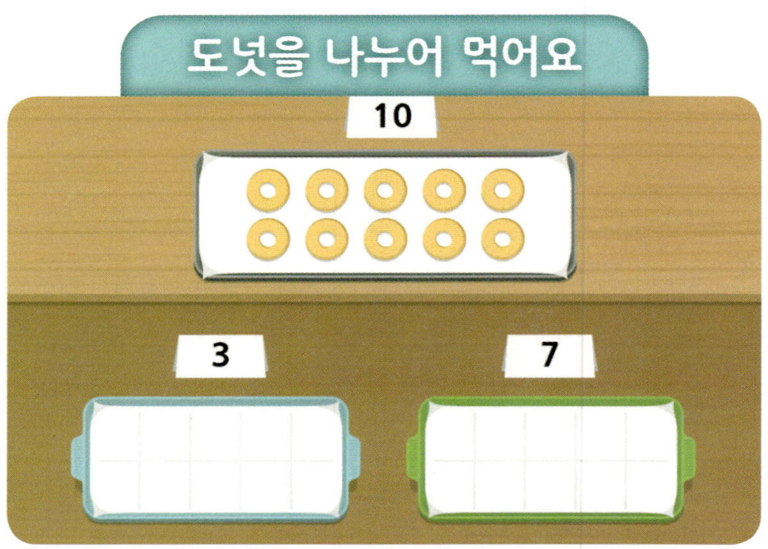

10 만들어 덧셈하기

▶ 연산 보충 학습(110~111쪽)에서 더 풀어 보세요.

학부모 지도 가이드

'8+6'과 같이 합이 10보다 큰 덧셈, 즉 받아올림이 있는 한 자리 수의 덧셈을 공부합니다. 앞에서 배운 합이 10이 되는 수들을 이용하여 더해지는 수, 더하는 수, 작은 수를 갈라 10을 만들고 나머지 수를 더하는 방법을 배우게 됩니다. 같은 수를 더하고 빼는 방법은 10을 만들기 위해 더한 만큼 나머지 수에서 빼야 함을 알도록 합니다.

$$8 + 6$$
더해지는 수 — 더하는 수

$$8 + 6 = 14$$
$$8 + 2 + 4$$
$$10 + 4 = 14$$

$$8 + 6 = 14$$
$$\;+2 \quad\; -2$$
$$10 + 4 = 14$$

253 더하는 수를 갈라 덧셈하기

큐리와 태돌이가 구슬을 옮겨 덧셈하는 방법을 알아보려고 해요.

7 + 4 = [11]

7 + [3] + [1] = [11]

오른쪽 구슬 3개를 왼쪽으로 옮겼더니 10개가 되었네.

4를 3과 1로 갈라 덧셈을 하면 되겠군.

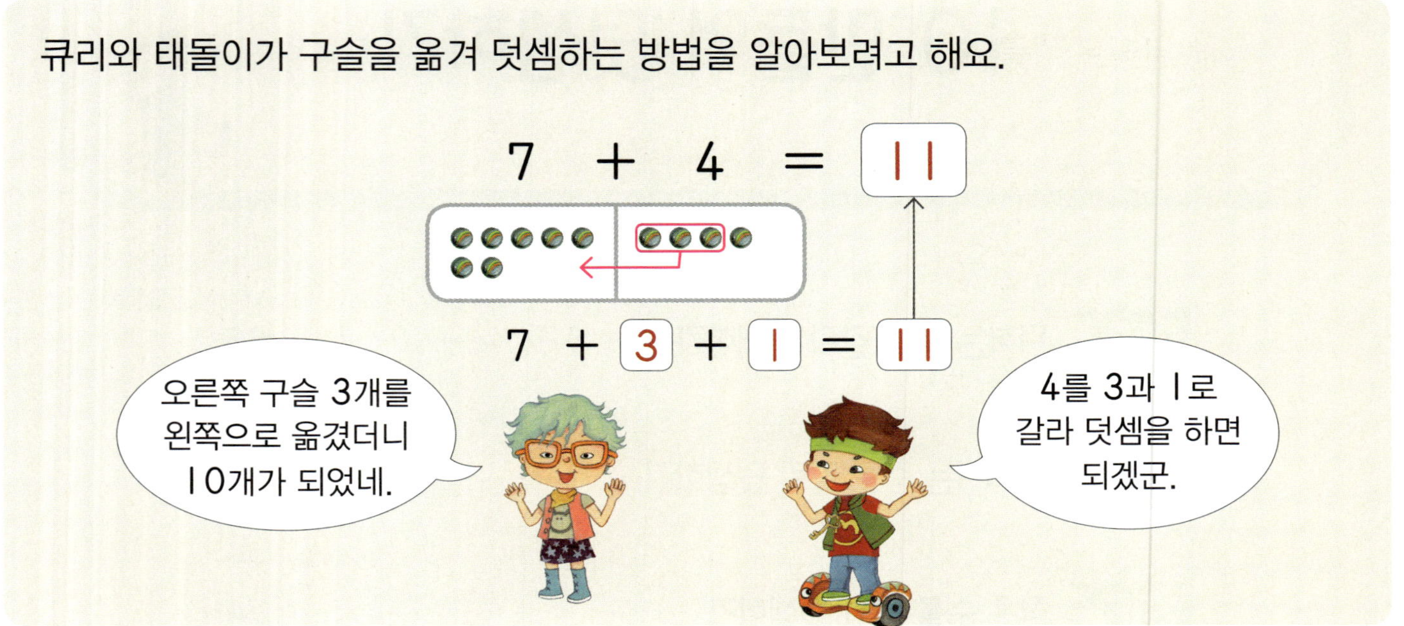

그림을 보고 □ 안에 알맞은 수를 쓰세요.

❶ 6 + 5 = □

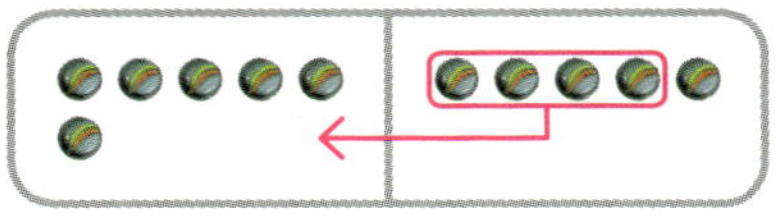

6 + [4] + □ = □

❷ 8 + 6 = □

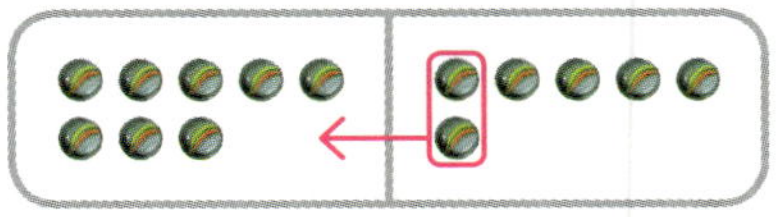

8 + [2] + □ = □

❸ 9 + 7 = □

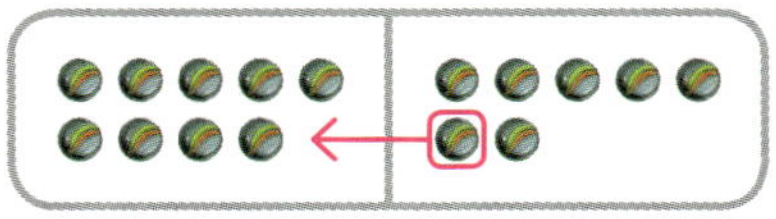

9 + □ + □ = □

❹ 8 + 7 = □

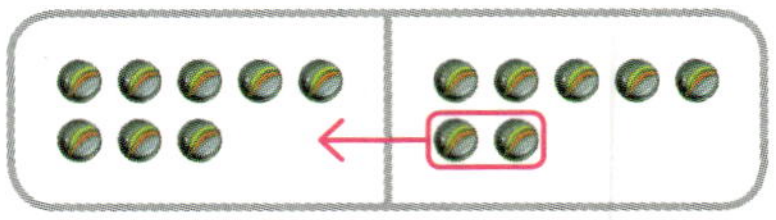

8 + □ + □ = □

🌳 ☐ 안에 알맞은 수를 쓰세요.

$$8 + 6 = \boxed{14}$$
$$8 + \boxed{2} + \boxed{4}$$
$$10 + 4 = \boxed{14}$$

❶
$$9 + 5 = \boxed{}$$
$$9 + \boxed{1} + \boxed{}$$
$$10 + 4 = \boxed{}$$

❷
$$6 + 5 = \boxed{}$$
$$6 + \boxed{4} + \boxed{}$$
$$10 + 1 = \boxed{}$$

❸
$$8 + 4 = \boxed{}$$
$$8 + \boxed{} + \boxed{}$$
$$10 + 2 = \boxed{}$$

❹
$$9 + 7 = \boxed{}$$
$$9 + \boxed{} + \boxed{}$$
$$10 + 6 = \boxed{}$$

❺
$$7 + 4 = \boxed{}$$
$$7 + \boxed{} + \boxed{}$$
$$10 + 1 = \boxed{}$$

❻
$$8 + 7 = \boxed{}$$
$$8 + \boxed{} + \boxed{}$$
$$10 + 5 = \boxed{}$$

태돌이와 현우는 숫자 구슬로 덧셈하는 방법을 알아보았어요.

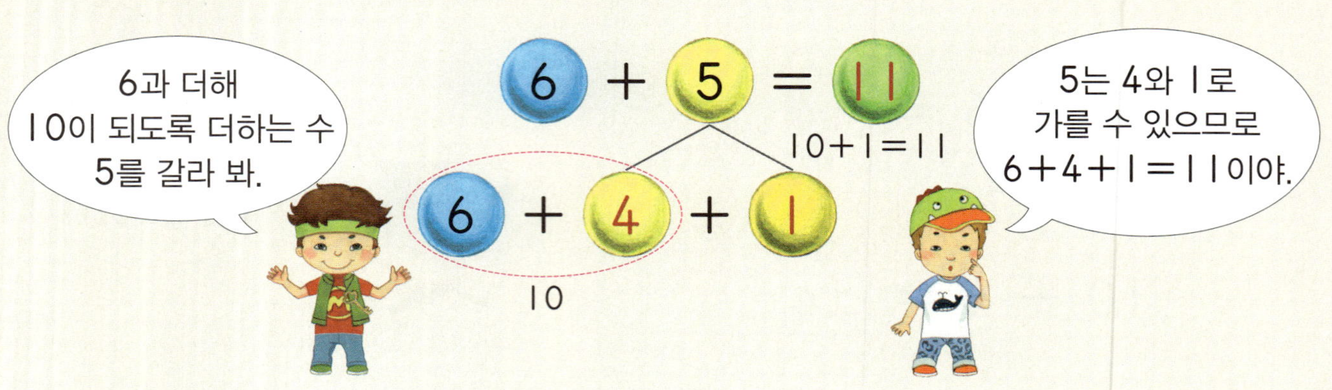

🌳 더하는 수를 갈라 덧셈을 하세요.

① 8 + 5 =
8 + 2 +

② 9 + 6 =
9 + 1 +

③ 7 + 4 =
7 + 3 +

④ 8 + 6 =
8 + 2 +

⑤ 5 + 7 =
5 + 5 +

⑥ 7 + 7 =
7 + 3 +

$$7 + 5 = \boxed{12}$$

7+3+2

10+2=12

① $8 + 3 = \boxed{}$

8+2+1

② $6 + 5 = \boxed{}$

6+4+1

③ $9 + 7 = \boxed{}$

④ $7 + 4 = \boxed{}$

⑤ $8 + 4 = \boxed{}$

⑥ $9 + 5 = \boxed{}$

⑦ $9 + 9 = \boxed{}$

⑧ $8 + 7 = \boxed{}$

⑨ $8 + 6 = \boxed{}$

⑩ $9 + 8 = \boxed{}$

더해지는 수를 갈라 덧셈하기

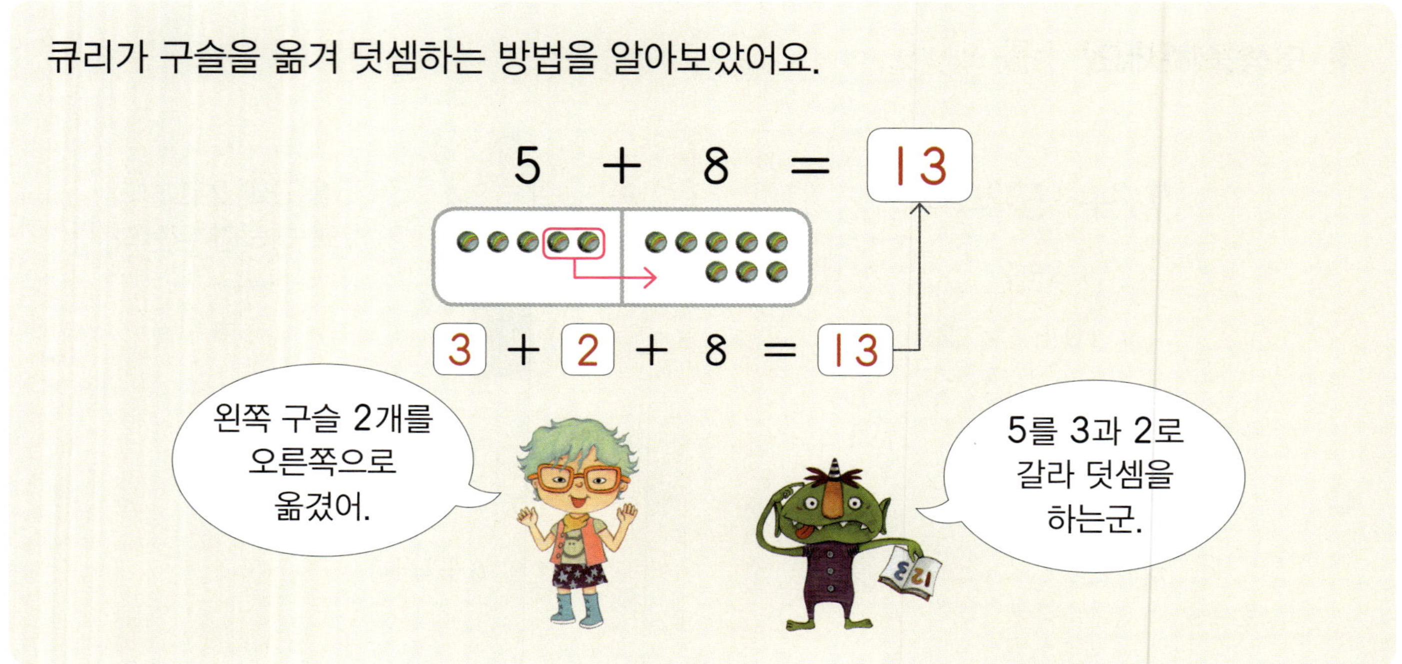

🌳 그림을 보고 ☐ 안에 알맞은 수를 쓰세요.

❶ 4 + 9 = ☐

☐ + 1 + 9 = ☐

❷ 6 + 8 = ☐

☐ + 2 + 8 = ☐

❸ 2 + 9 = ☐

☐ + ☐ + 9 = ☐

❹ 5 + 7 = ☐

☐ + ☐ + 7 = ☐

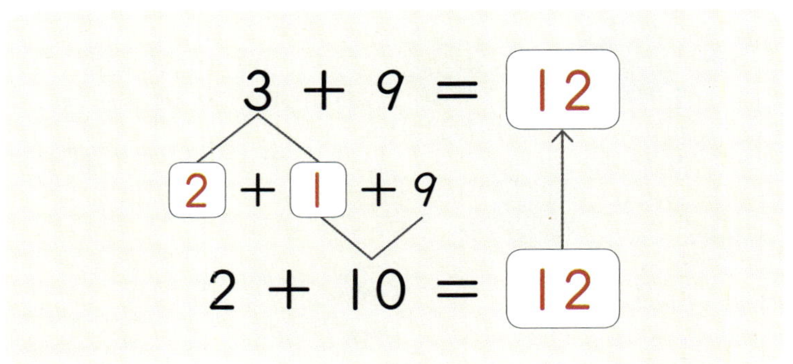

❶ 5 + 6 = ☐
☐ + 4 + 6
1 + 10 = ☐

❷ 7 + 7 = ☐
☐ + 3 + 7
4 + 10 = ☐

❸ 6 + 7 = ☐
☐ + ☐ + 7
3 + 10 = ☐

❹ 8 + 9 = ☐
☐ + ☐ + 9
7 + 10 = ☐

❺ 8 + 5 = ☐
☐ + ☐ + 5
3 + 10 = ☐

❻ 7 + 8 = ☐
☐ + ☐ + 8
5 + 10 = ☐

태돌이와 현우가 숫자 구슬로 덧셈하는 방법을 알아보았어요.

🌳 더해지는 수를 갈라 덧셈을 하세요.

❶ 4 + 8 = ◯
  ◯ + 2 + 8

❷ 6 + 9 = ◯
  ◯ + 1 + 9

❸ 6 + 7 = ◯
  ◯ + 3 + 7

❹ 9 + 9 = ◯
  ◯ + 1 + 9

❺ 5 + 9 = ◯
  ◯ + 1 + 9

❻ 7 + 8 = ◯
  ◯ + 2 + 8

$6 + 8 = \boxed{14}$

$4+2+8$

$4+10=14$

① $3 + 9 = \boxed{}$

$2+1+9$

② $5 + 7 = \boxed{}$

$2+3+7$

③ $5 + 8 = \boxed{}$

④ $4 + 9 = \boxed{}$

⑤ $6 + 7 = \boxed{}$

⑥ $2 + 9 = \boxed{}$

⑦ $3 + 8 = \boxed{}$

⑧ $6 + 9 = \boxed{}$

⑨ $8 + 9 = \boxed{}$

⑩ $6 + 6 = \boxed{}$

공부한 날

월

길

🌳 도미노의 빈 곳에 알맞은 점을 그리고 덧셈을 하세요.

❶ 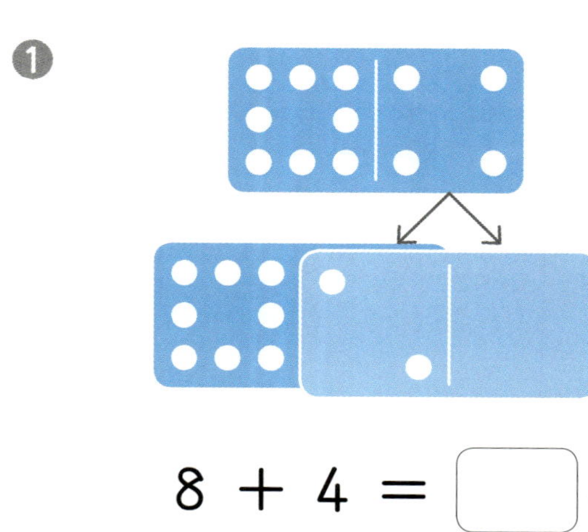

8 + 4 = ☐

❷

9 + 6 = ☐

❸ 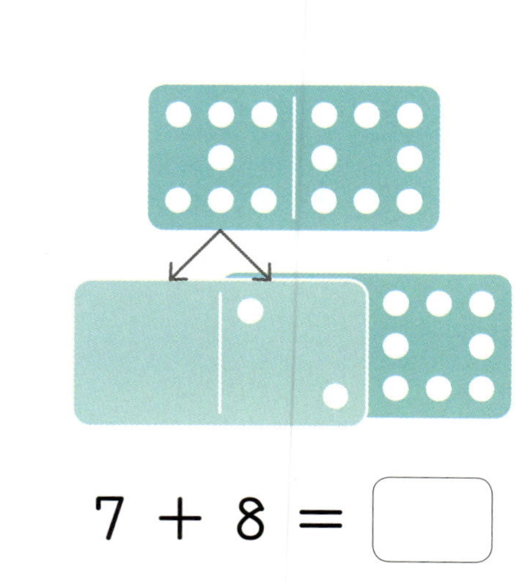

5 + 6 = ☐

❹

7 + 8 = ☐

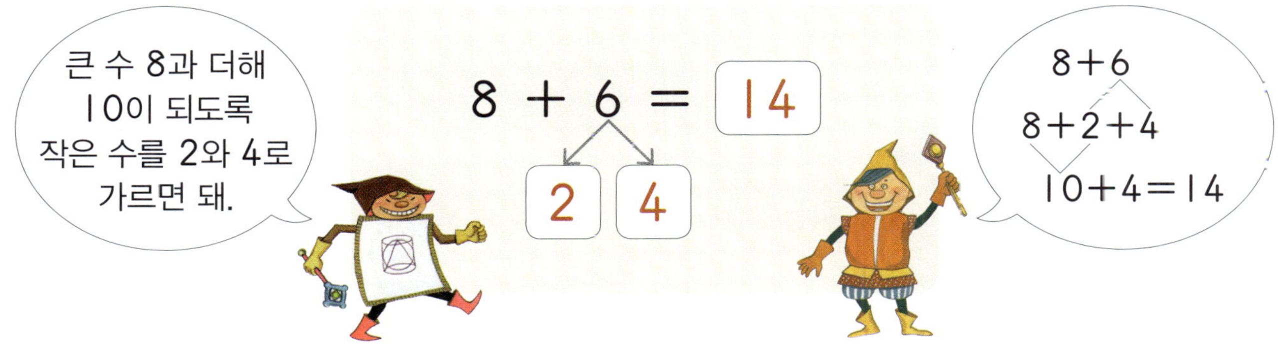

① $7 + 5 = \boxed{}$
3

② $4 + 9 = \boxed{}$
   1

③ $9 + 2 = \boxed{}$
1

④ $6 + 7 = \boxed{}$
   3

⑤ $8 + 3 = \boxed{}$
2

⑥ $6 + 8 = \boxed{}$
   2

⑦ $9 + 7 = \boxed{}$
1

⑧ $8 + 9 = \boxed{}$
   1

태돌이가 막대의 길이의 합을 구하고 있어요.

🌳 **짧은 막대를 갈라 덧셈을 하려고 해요. □ 안에 알맞은 수를 쓰세요.**

❶ 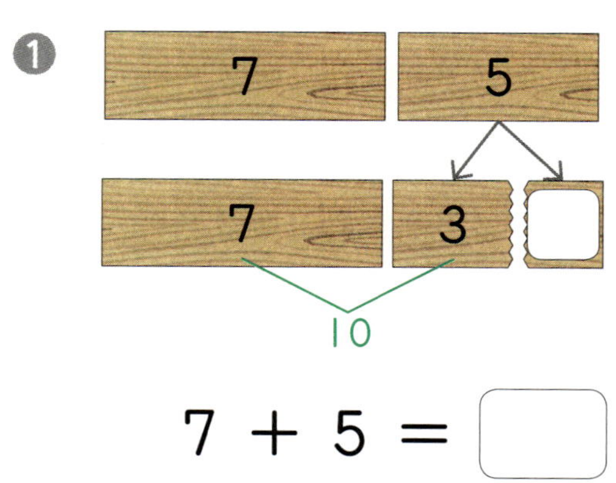

$$7 + 5 = \boxed{}$$

❷ 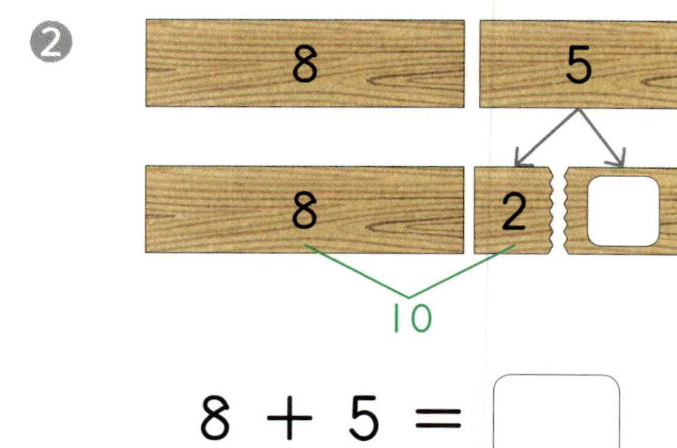

$$8 + 5 = \boxed{}$$

❸ 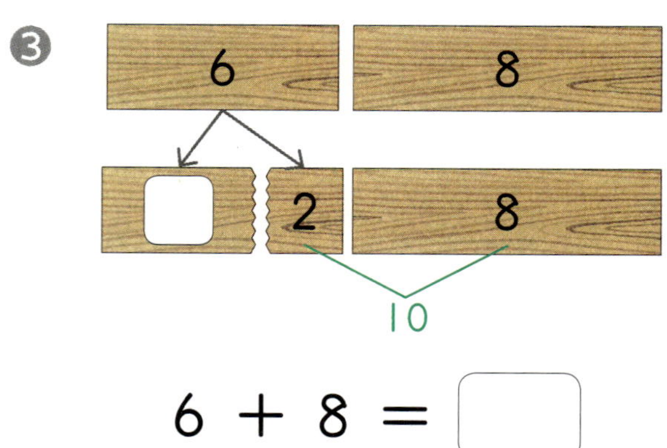

$$6 + 8 = \boxed{}$$

❹ 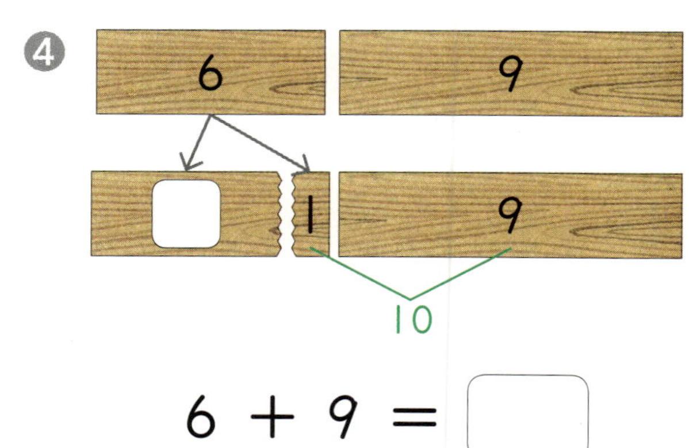

$$6 + 9 = \boxed{}$$

$$8 + 3 = \boxed{11}$$

8+2+1

10+1=11

① $5 + 9 = \boxed{}$

4+1+9

② $7 + 6 = \boxed{}$

7+3+3

③ $4 + 8 = \boxed{}$

④ $7 + 9 = \boxed{}$

⑤ $9 + 6 = \boxed{}$

⑥ $8 + 5 = \boxed{}$

⑦ $6 + 8 = \boxed{}$

⑧ $3 + 9 = \boxed{}$

⑨ $9 + 2 = \boxed{}$

⑩ $7 + 8 = \boxed{}$

같은 수를 더하고 빼어 덧셈하기

큐리가 공깃돌을 옮기고 있어요.

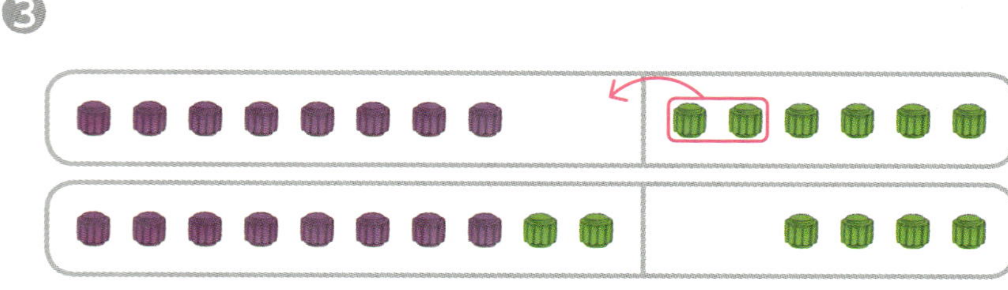 10개가 되도록 작은 쪽의 공깃돌을 옮겼어요. 덧셈을 하세요.

①

$$7 + 5 = \boxed{}$$
$$+3 \qquad -3$$
$$10 + 2 = \boxed{}$$

②

$$4 + 9 = \boxed{}$$
$$-1 \qquad +1$$
$$3 + 10 = \boxed{}$$

③

$$8 + 6 = \boxed{}$$
$$+2 \qquad -2$$
$$10 + 4 = \boxed{}$$

$$5 + 6 = \boxed{11}$$
$-4 \qquad +4$
$$1 + 10 = \boxed{11}$$

❶
$$8 + 5 = \boxed{}$$
$+2 \qquad -2$
$$10 + 3 = \boxed{}$$

❷
$$3 + 9 = \boxed{}$$
$-1 \qquad +1$
$$2 + 10 = \boxed{}$$

❸
$$6 + 9 = \boxed{}$$
$-1 \qquad +1$
$$5 + 10 = \boxed{}$$

❹
$$9 + 7 = \boxed{}$$
$+1 \qquad -1$
$$10 + 6 = \boxed{}$$

❺
$$6 + 7 = \boxed{}$$
$-3 \qquad +3$
$$3 + 10 = \boxed{}$$

❻
$$8 + 8 = \boxed{}$$
$+2 \qquad -2$
$$10 + 6 = \boxed{}$$

병아리가 알을 깨고 나오고 병아리가 자라서 닭이 돼요. 관계있는 것끼리 선으로 이
으세요.

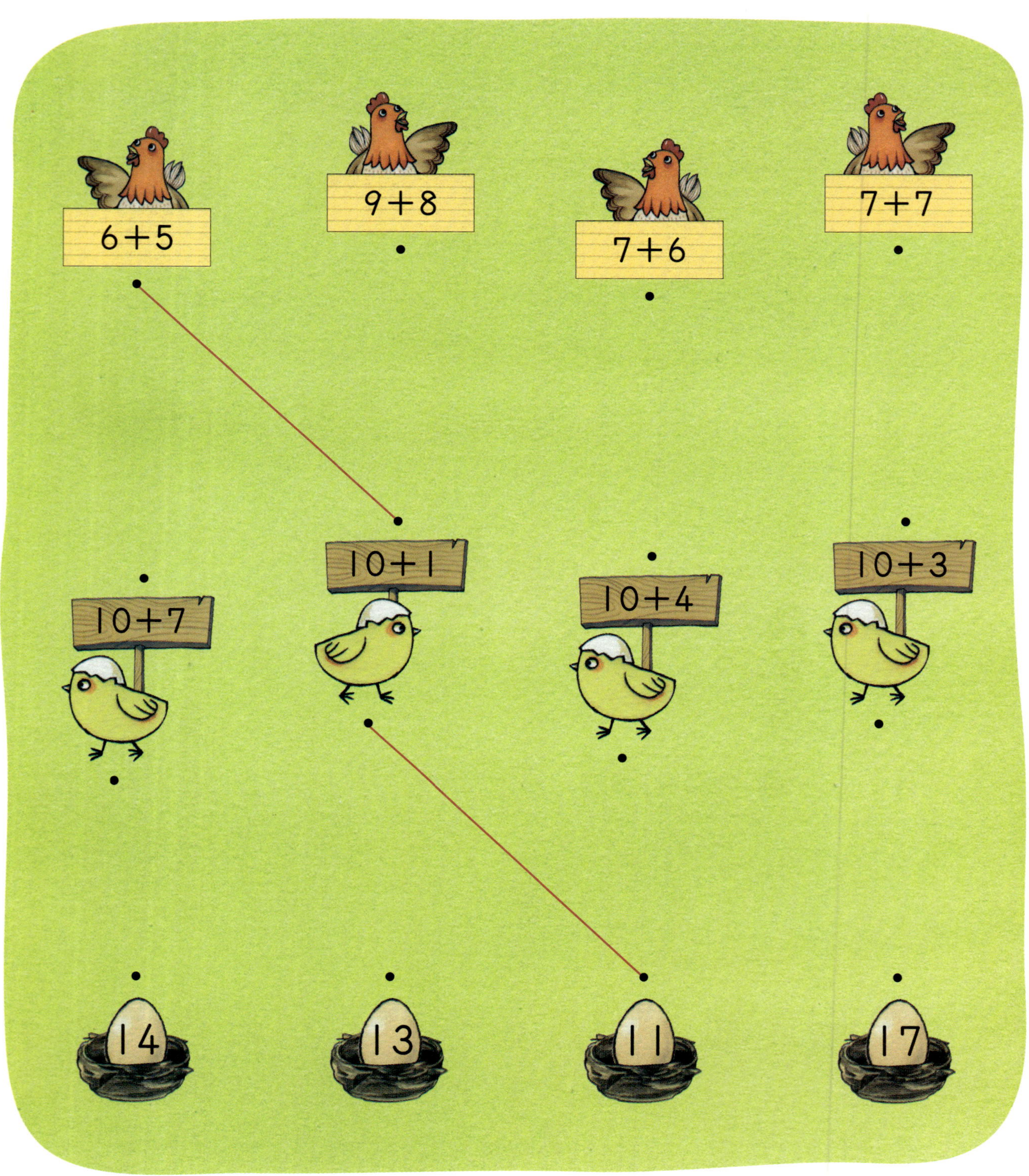

6+5
9+8
7+6
7+7
10+7
10+1
10+4
10+3
14
13
11
17

$$8 + 4 = \boxed{12}$$

$+2 \quad -2$

$$10 + 2 = 12$$

❶ $\quad 5 + 9 = \boxed{}$

$-1 \quad +1$

$4 + 10$

❷ $\quad 6 + 6 = \boxed{}$

$+4 \quad -4$

$10 + 2$

❸ $\quad 8 + 3 = \boxed{}$

❹ $\quad 9 + 2 = \boxed{}$

❺ $\quad 7 + 6 = \boxed{}$

❻ $\quad 3 + 9 = \boxed{}$

❼ $\quad 8 + 9 = \boxed{}$

❽ $\quad 6 + 8 = \boxed{}$

❾ $\quad 4 + 7 = \boxed{}$

❿ $\quad 8 + 5 = \boxed{}$

🔺 ☐ 안에 알맞은 수를 쓰세요.

❶
$$7 + 5 = \boxed{}$$
$$7 + \boxed{} + \boxed{}$$
$$10 + 2 = \boxed{}$$

❷
$$8 + 5 = \boxed{}$$
$$8 + \boxed{} + \boxed{}$$
$$10 + 3 = \boxed{}$$

🔺 ☐ 안에 알맞은 수를 쓰세요.

❸
$$6 + 9 = \boxed{}$$
$$\boxed{} + \boxed{} + 9$$
$$5 + 10 = \boxed{}$$

❹
$$7 + 6 = \boxed{}$$
$$\boxed{} + \boxed{} + 6$$
$$3 + 10 = \boxed{}$$

🔺 덧셈을 하세요.

❺ $8 + 7 = \boxed{}$

❻ $4 + 9 = \boxed{}$

❼ $5 + 6 = \boxed{}$

❽ $8 + 3 = \boxed{}$

🌲 작은 수를 갈라 덧셈을 하세요.

⑨ $9 + 3 = \boxed{}$ (1, ☐)

⑩ $5 + 6 = \boxed{}$ (☐, 4)

⑪ $8 + 6 = \boxed{}$ (2, ☐)

⑫ $4 + 7 = \boxed{}$ (☐, 3)

🌲 같은 수를 더하고 빼서 덧셈을 하세요.

⑬ $4 + 7 = \boxed{}$
   -3 $+3$
   $1 + 10 = \boxed{}$

⑭ $9 + 9 = \boxed{}$
   $+1$ -1
   $10 + 8 = \boxed{}$

🌲 덧셈을 하세요.

⑮ $6 + 9 = \boxed{}$

⑯ $7 + 8 = \boxed{}$

연산력 게임

QR코드를 찍으면 다양한 연산 게임을 할 수 있어요.

블록 맞추기

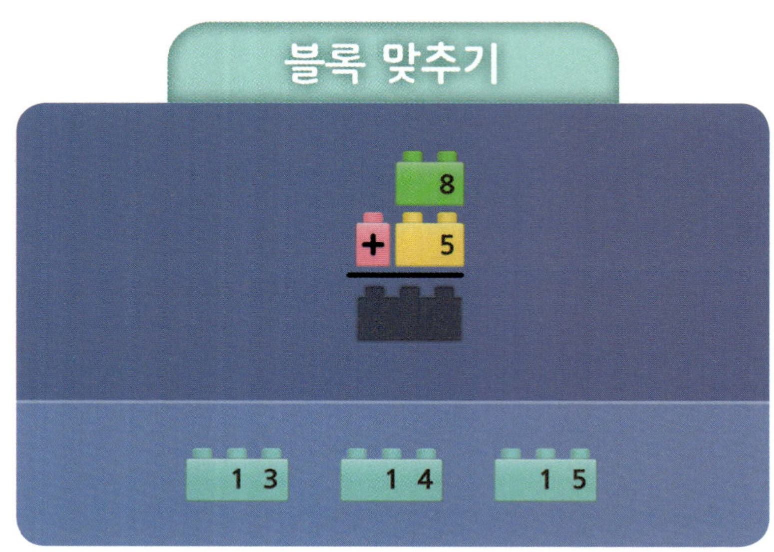

블록에 적힌 두 수의 덧셈을 해 보세요.

덧셈을 하여 빈 곳에 들어갈 블록을 아래쪽에서 찾아 손가락으로 끌어서 넣으세요.
1 3을 넣으면 정답입니다.

연잎에 적힌 두 수의 덧셈을 해 보세요.

덧셈을 하여 빈 곳에 들어갈 연잎을 아래쪽에서 찾아 손가락으로 끌어서 넣으세요.
1 3을 넣으면 정답입니다.

점프하는 개구리 왕자

덧셈구구 익히기

▶ 연산 보충 학습(112쪽)에서 더 풀어 보세요.

학부모 지도 가이드

앞에서 배운 덧셈에 대한 총정리로 덧셈구구표와 □가 있는 덧셈을 배우게 됩니다.
덧셈표의 빈칸을 채우기 위해서는 왼쪽의 수에 위쪽에 있는 수를 더해야 합니다.
'8+□=13'과 같은 □가 있는 덧셈을 아이들이 어려워하므로 10을 만든 다음 13
을 만들면 쉽게 □가 5임을 알 수 있음을 지도합니다.

+	2	3	4
1	3 1+2	4 1+3	5 1+4

$$8 + \boxed{5} = 13$$

덧셈구구표

🌳 덧셈을 하여 빈 곳에 알맞은 수를 쓰세요.

❶ 

❷ 

❸ 

❹ 

🌳 **덧셈표의 빈칸에 알맞은 수를 쓰세요.**

+	2	3	4
1	3 1+2	4 1+3	5 1+4

①

+	3	4	5
3			

②

+	5	6	7
6			

③

+	6	7	8
9			

④

+	2	3	4
8			

⑤

+	4	5	6
4			

⑥

+	7	8	9
6			

🌳 덧셈표의 빈칸에 알맞은 수를 쓰세요.

1

+	3	4
2		
3		

2

+	5	6
5		
6		

3

+	3	4
8		
9		

4

+	5	6
7		
8		

+	1	2	3	4	5	6	7	8	9
1	2					7	8		10
2		4	5		7				
3		5			8	9	10	11	
4	5			8					
5			8	9	10				14
6	7					12	13	14	15
7		9	10						
8		10	11				15	16	
9				13	14	15			

□가 있는 덧셈

🌳 그림을 보고 □ 안에 알맞은 수를 쓰세요.

❶
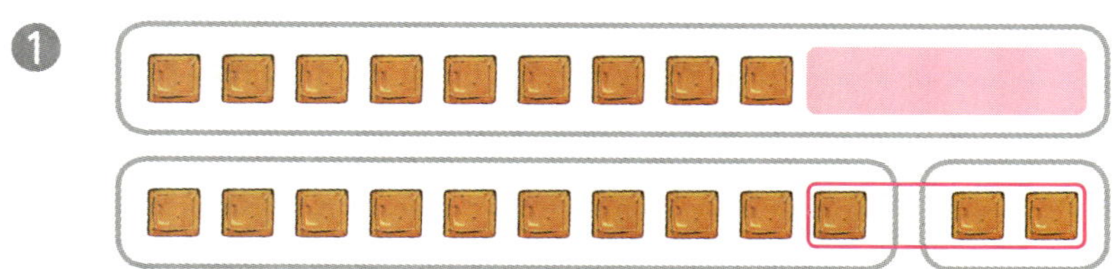

$$9 + \boxed{} = 12$$

1   2

❷

$$7 + \boxed{} = 14$$

3   4

❸

$$6 + \boxed{} = 15$$

4   5

🌳 □ 안에 알맞은 수를 쓰세요.

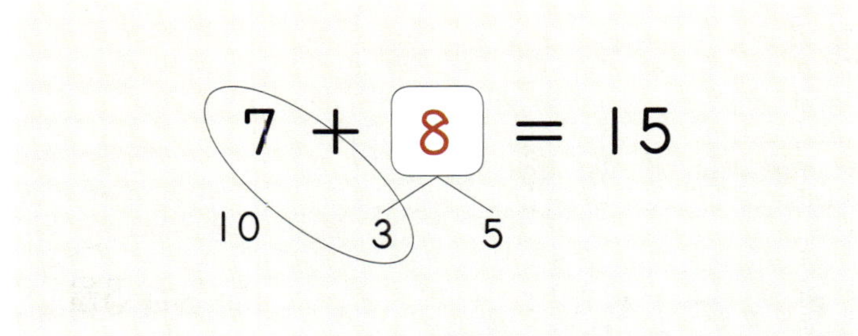

❶ $6 + \boxed{} = 11$
4   1

❷ $9 + \boxed{} = 13$
1   3

❸ $7 + \boxed{} = 13$

❹ $5 + \boxed{} = 12$

❺ $8 + \boxed{} = 11$

❻ $9 + \boxed{} = 17$

❼ $6 + \boxed{} = 13$

❽ $8 + \boxed{} = 12$

❾ $5 + \boxed{} = 11$

❿ $7 + \boxed{} = 16$

🌳 그림을 보고 □ 안에 알맞은 수를 쓰세요.

① □ + 8 = 13

3   2

② □ + 9 = 13

3   1

③ □ + 4 = 11

1   6

🌳 ☐ 안에 알맞은 수를 쓰세요.

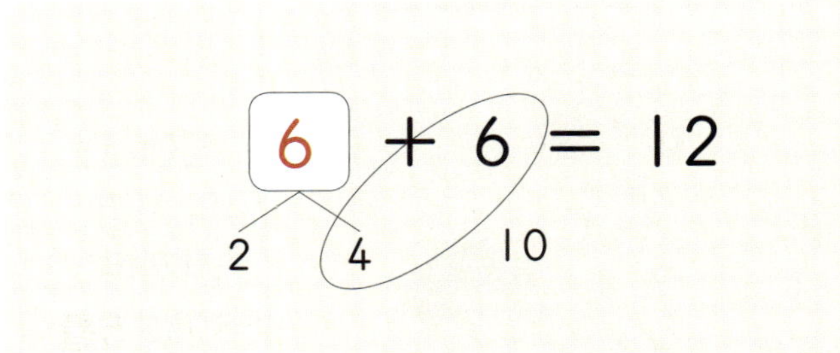

❶ ☐ + 8 = 13
3   2

❷ ☐ + 9 = 11
1   1

❸ ☐ + 7 = 14

❹ ☐ + 6 = 14

❺ ☐ + 5 = 11

❻ ☐ + 9 = 12

❼ ☐ + 8 = 12

❽ ☐ + 8 = 15

❾ ☐ + 9 = 18

❿ ☐ + 4 = 12

세로셈과 벌레 먹은 셈

🌳 숫자 카드로 2가지 덧셈식을 만들려고 해요. 빈 곳에 알맞은 수를 쓰세요.

①

6 + 7 = ☐ ☐ ➡

6
+ 7

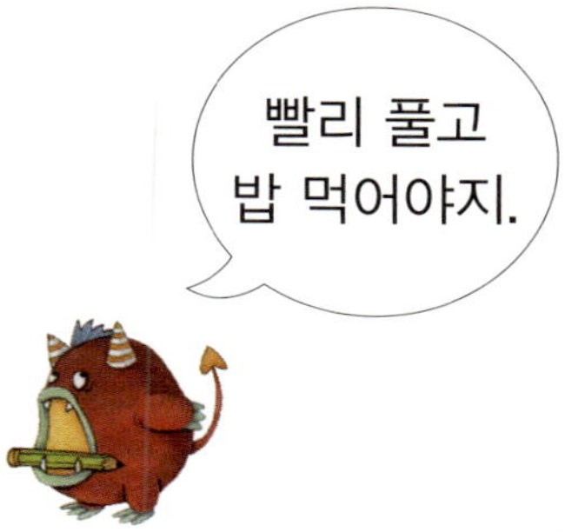

②

9 + 5 = ☐ ☐ ➡

9
+ 5

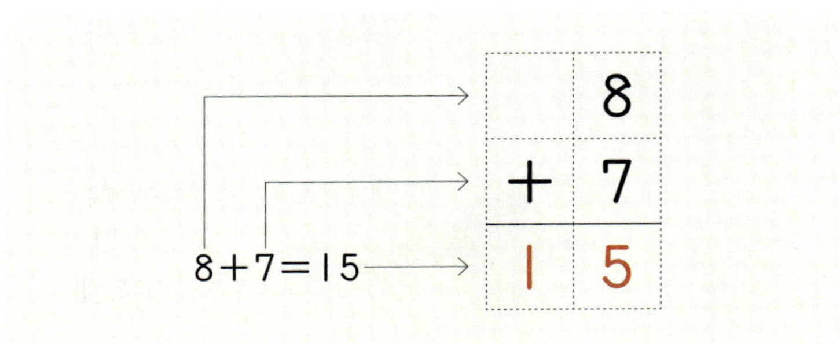

❶
$$9 \\ + 2$$

❷
$$7 \\ + 5$$

❸
$$7 \\ + 8$$

❹
$$8 \\ + 9$$

❺
$$6 \\ + 6$$

❻
$$8 \\ + 5$$

❼
$$6 \\ + 8$$

❽
$$9 \\ + 7$$

❾
$$9 \\ + 9$$

태돌이가 종이를 펼쳐 보고 있어요.

🌳 지워진 수를 찾아 빈 곳에 알맞은 수를 쓰세요.

①

$$\begin{array}{r} 6 \\ +\ \square \\ \hline 1\ 4 \end{array}$$

②

$$\begin{array}{r} \square \\ +\ 4 \\ \hline 1\ 1 \end{array}$$

③

$$\begin{array}{r} \square \\ +\ 7 \\ \hline 1\ 2 \end{array}$$

④

$$\begin{array}{r} \square \\ +\ 9 \\ \hline 1\ 7 \end{array}$$

⑤

$$\begin{array}{r} 5 \\ +\ \square \\ \hline 1\ 3 \end{array}$$

⑥

$$\begin{array}{r} 8 \\ +\ \square \\ \hline 1\ 4 \end{array}$$

 □ 안에 알맞은 수를 쓰세요.

$$\begin{array}{r} 3 \\ +\ \boxed{9} \\ \hline \boxed{1}\ 2 \end{array}$$

❶
$$\begin{array}{r} 8 \\ +\ \boxed{} \\ \hline 1\ \ 5 \end{array}$$

❷
$$\begin{array}{r} 7 \\ +\ \boxed{} \\ \hline 1\ \ 2 \end{array}$$

❸
$$\begin{array}{r} \boxed{} \\ +\ 3 \\ \hline 1\ \ 1 \end{array}$$

❹
$$\begin{array}{r} \boxed{} \\ +\ 6 \\ \hline 1\ \ 2 \end{array}$$

❺
$$\begin{array}{r} 9 \\ +\ \boxed{} \\ \hline \boxed{}\ 6 \end{array}$$

❻
$$\begin{array}{r} 5 \\ +\ \boxed{} \\ \hline \boxed{}\ 1 \end{array}$$

❼
$$\begin{array}{r} \boxed{} \\ +\ 8 \\ \hline \boxed{}\ 6 \end{array}$$

❽
$$\begin{array}{r} \boxed{} \\ +\ 9 \\ \hline \boxed{}\ 4 \end{array}$$

❾
$$\begin{array}{r} \boxed{} \\ +\ 4 \\ \hline \boxed{}\ 2 \end{array}$$

공부한 날

월

일

수 만들기

🌳 더해서 거북이 머리의 수가 되는 두 수에 ◯표 하세요.

❶

❷

❸

❹

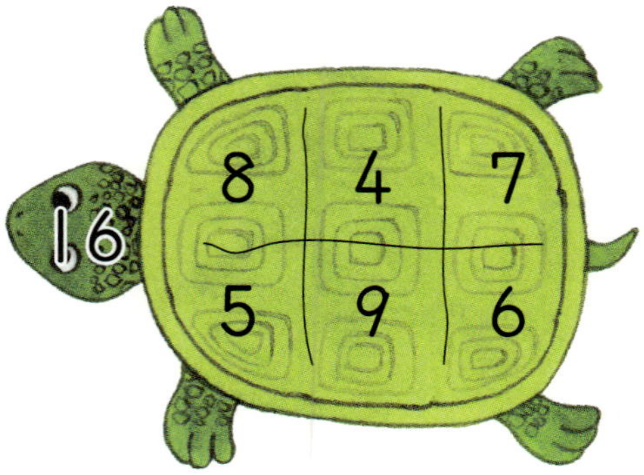

$9 + 9 = 18$

❶
$9 + \boxed{} = 17$
$8 + \boxed{} = 17$

❷
$9 + \boxed{} = 16$
$8 + \boxed{} = 16$
$7 + \boxed{} = 16$

❸
$9 + \boxed{} = 15$
$8 + \boxed{} = 15$
$7 + \boxed{} = 15$
$6 + \boxed{} = 15$

❹
$9 + \boxed{} = 14$
$8 + \boxed{} = 14$
$7 + \boxed{} = 14$
$6 + \boxed{} = 14$
$5 + \boxed{} = 14$

하늘에 수가 적힌 풍선이 떠 있어요. 더해서 울타리의 수가 되는 두 수씩 선으로 이으세요.

각 풍선은
하나의 울타리에만
연결할 수 있어.

합이 13, 14, 10인
두 수를 각각 찾아봐.

$$9 + 7 = 16$$
$$8 + 8 = 16$$
$$7 + 9 = 16$$

❶

$$9 + \boxed{} = 13$$
$$8 + \boxed{} = 13$$
$$7 + \boxed{} = 13$$
$$6 + \boxed{} = 13$$
$$5 + \boxed{} = 13$$
$$4 + \boxed{} = 13$$

❷

$$9 + \boxed{} = 12$$
$$8 + \boxed{} = 12$$
$$7 + \boxed{} = 12$$
$$6 + \boxed{} = 12$$
$$5 + \boxed{} = 12$$
$$4 + \boxed{} = 12$$
$$3 + \boxed{} = 12$$

🔺 덧셈표의 빈칸에 알맞은 수를 쓰세요.

❶

+	3	4	5
2			

❷

+	6	7	8
5			

🔺 그림을 보고 ☐ 안에 알맞은 수를 쓰세요.

❸

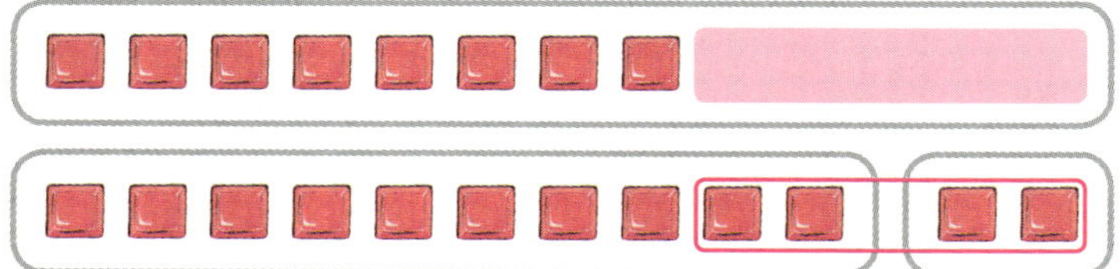

$$8 + \boxed{} = 12$$

2　2

❹

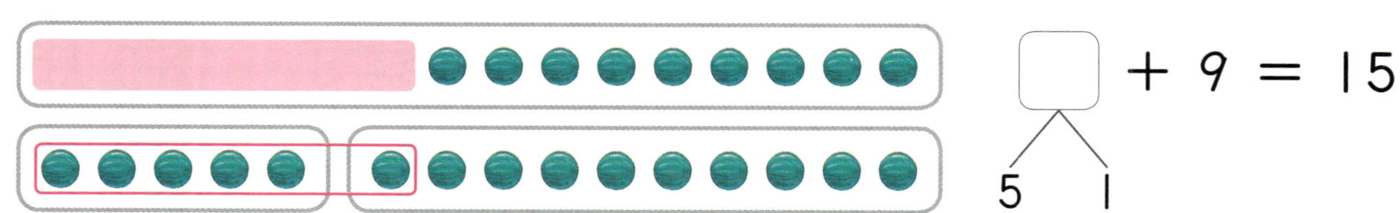

$$\boxed{} + 9 = 15$$

5　1

🔺 ☐ 안에 알맞은 수를 쓰세요.

❺ $$7 + \boxed{} = 11$$

❻ $$\boxed{} + 8 = 14$$

🌲 덧셈을 하세요.

⑦
$$\begin{array}{r} 7 \\ +\ 6 \\ \hline \end{array}$$

⑧
$$\begin{array}{r} 8 \\ +\ 8 \\ \hline \end{array}$$

⑨
$$\begin{array}{r} 9 \\ +\ 8 \\ \hline \end{array}$$

🌲 ☐ 안에 알맞은 수를 쓰세요.

⑩
$$\begin{array}{r} 4 \\ +\ \square \\ \hline 1\ 3 \end{array}$$

⑪
$$\begin{array}{r} \square \\ +\ 7 \\ \hline 1\ 5 \end{array}$$

⑫
$$\begin{array}{r} 6 \\ +\ \square \\ \hline \square\ 4 \end{array}$$

🌲 덧셈구구의 두 수를 사용하여 덧셈식을 모두 완성하세요.

⑬

$9 + \square = 11$ $\qquad$ $5 + \square = 11$

$8 + \square = 11$ $\qquad$ $4 + \square = 11$

$7 + \square = 11$ $\qquad$ $3 + \square = 11$

$6 + \square = 11$ $\qquad$ $2 + \square = 11$

연산력 게임

QR코드를 찍으면 다양한 연산 게임을 할 수 있어요.

신기한 덧셈 자판기

눌러야 하는 덧셈 버튼을 찾아 보세요.

물과 컵에 적힌 수를 보고 자판기의 알맞은 버튼을 가운데에서 찾아 누르세요.
+9 버튼을 누르면 정답입니다.

두 수를 더해 나무 표지판의 수를 만들어 보세요.

더해서 12가 되는 두 수가 적힌 풍선 2개를 누르세요.
5와 7을 누르면 정답입니다.

풍선 게임

연산 보충 학습

관련 쪽수: 6~27쪽

❖ 덧셈을 하세요.

① $2 + 3 =$ ☐　　② $2 + 5 =$ ☐

③ $3 + 1 =$ ☐　　④ $3 + 4 =$ ☐

⑤ $4 + 2 =$ ☐　　⑥ $4 + 5 =$ ☐

⑦ $5 + 1 =$ ☐　　⑧ $5 + 3 =$ ☐

⑨ $6 + 2 =$ ☐　　⑩ $6 + 3 =$ ☐

⑪ $7 + 1 =$ ☐　　⑫ $7 + 2 =$ ☐

⑬ $8 + 1 =$ ☐　　⑭ $5 + 4 =$ ☐

❖ ☐ 안에 알맞은 수를 쓰세요.

⑮ $2 + \boxed{} = 6$

⑯ $3 + \boxed{} = 6$

⑰ $4 + \boxed{} = 5$

⑱ $5 + \boxed{} = 7$

⑲ $6 + \boxed{} = 7$

⑳ $7 + \boxed{} = 9$

㉑ $8 + \boxed{} = 9$

㉒ $7 + \boxed{} = 8$

㉓ $\boxed{} + 3 = 7$

㉔ $\boxed{} + 2 = 5$

㉕ $\boxed{} + 4 = 9$

㉖ $\boxed{} + 6 = 8$

㉗ $\boxed{} + 7 = 8$

㉘ $\boxed{} + 2 = 9$

❖ 두 배를 활용하여 덧셈을 하세요.

① $2 + 2 = 4$
　　　+1　　+1
$2 + 3 = \boxed{}$

② $3 + 3 = 6$
　　　+2　　+2
$3 + 5 = \boxed{}$

③ $6 + 6 = 12$
　+1　　　+1
$7 + 6 = \boxed{}$

④ $5 + 5 = 10$
　+2　　　+2
$7 + 5 = \boxed{}$

⑤ $4 + 4 = 8$
　　　+3　　+3
$4 + 7 = \boxed{}$

⑥ $7 + 7 = 14$
　　　+1　　+1
$7 + 8 = \boxed{}$

⑦ $8 + 8 = 16$
　　+1　　　+1
$9 + 8 = \boxed{}$

⑧ $6 + 6 = 12$
　　+3　　　+3
$9 + 6 = \boxed{}$

합이 10이 되는 덧셈

❖ ☐ 안에 알맞은 수를 쓰세요.

❶ $3 + 7 + 4 = \boxed{}$

$\boxed{} + 4 = \boxed{}$

❷ $6 + 4 + 5 = \boxed{}$

$\boxed{} + 5 = \boxed{}$

❸ $9 + 8 + 2 = \boxed{}$

$9 + \boxed{} = \boxed{}$

❹ $2 + 5 + 5 = \boxed{}$

$2 + \boxed{} = \boxed{}$

❺ $9 + 3 + 1 = \boxed{}$

$\boxed{} + 3 = \boxed{}$

❻ $4 + 7 + 6 = \boxed{}$

$\boxed{} + 7 = \boxed{}$

❼ $8 + 5 + 2 = \boxed{}$

$\boxed{} + 5 = \boxed{}$

❽ $1 + 8 + 9 = \boxed{}$

$\boxed{} + 8 = \boxed{}$

10 만들어 덧셈하기

❖ 덧셈을 하세요.

① $7 + 6 = \boxed{}$ ② $8 + 3 = \boxed{}$

③ $8 + 5 = \boxed{}$ ④ $8 + 6 = \boxed{}$

⑤ $8 + 8 = \boxed{}$ ⑥ $9 + 3 = \boxed{}$

⑦ $9 + 5 = \boxed{}$ ⑧ $2 + 9 = \boxed{}$

⑨ $7 + 8 = \boxed{}$ ⑩ $8 + 9 = \boxed{}$

⑪ $5 + 7 = \boxed{}$ ⑫ $4 + 7 = \boxed{}$

⑬ $5 + 6 = \boxed{}$ ⑭ $7 + 7 = \boxed{}$

❖ 같은 수를 더하고 빼서 덧셈을 하세요.

⑮ $7 + 5 = \square$
$(+3)(-3)$
$10 + 2 = \square$

⑯ $3 + 8 = \square$
$(-2)(+2)$
$1 + 10 = \square$

⑰ $5 + 9 = \square$
$(-1)(+1)$
$4 + 10 = \square$

⑱ $9 + 8 = \square$
$(+1)(-1)$
$10 + 7 = \square$

⑲ $5 + 7 = \square$
$(-3)(+3)$
$2 + 10 = \square$

⑳ $8 + 6 = \square$
$(+2)(-2)$
$10 + 4 = \square$

㉑ $6 + 5 = \square$
$(+4)(-4)$
$10 + 1 = \square$

㉒ $7 + 7 = \square$
$(+3)(-3)$
$10 + 4 = \square$

덧셈구구 익히기

❖ ☐ 안에 알맞은 수를 쓰세요.

① $6 + \square = 14$

② $7 + \square = 12$

③ $8 + \square = 15$

④ $\square + 5 = 12$

⑤ $\square + 8 = 17$

⑥ $9 + \square = 11$

⑦
$$\begin{array}{r} 4 \\ +\ \square \\ \hline 1\ \ 2 \end{array}$$

⑧
$$\begin{array}{r} \square \\ +\ 7 \\ \hline 1\ \ 6 \end{array}$$

⑨
$$\begin{array}{r} 6 \\ +\ \square \\ \hline \square\ \ 1 \end{array}$$

⑩
$$\begin{array}{r} 5 \\ +\ \square \\ \hline 1\ \ 3 \end{array}$$

⑪
$$\begin{array}{r} \square \\ +\ 8 \\ \hline 1\ \ 5 \end{array}$$

⑫
$$\begin{array}{r} 9 \\ +\ \square \\ \hline \square\ \ 4 \end{array}$$

241 개수 세어 덧셈하기

6 · 7

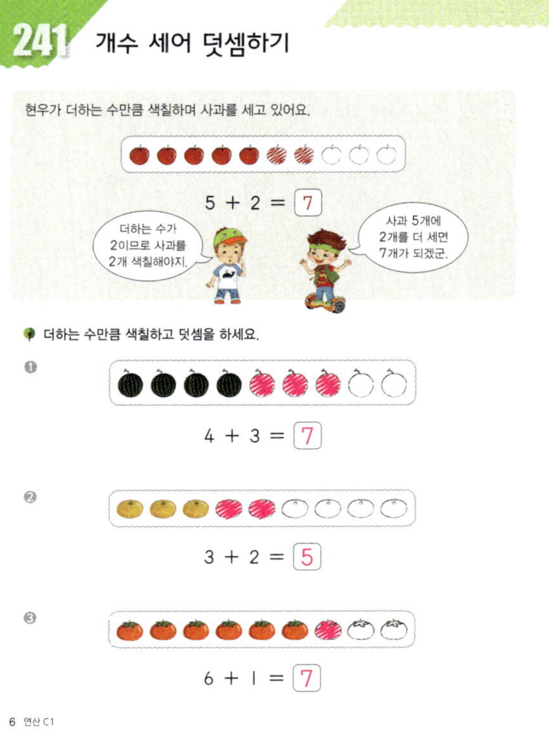

8 · 9

과일을 모두 세어 덧셈을 하세요.

공부한 날 월 일

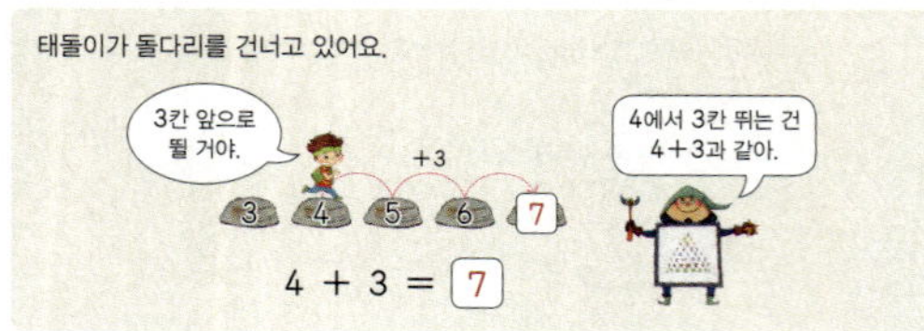

242 뛰어 세어 덧셈하기

10·11

태돌이가 돌다리를 건너고 있어요.

🌱 뛰어 세어 덧셈을 하세요.

❶ 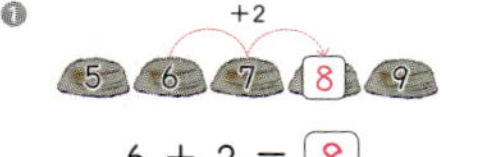
+2
6 + 2 = 8

❷ 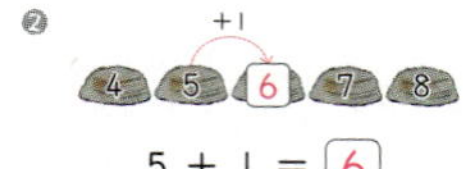
+1
5 + 1 = 6

❸ 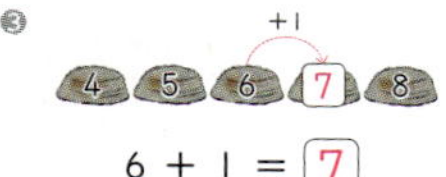
+1
6 + 1 = 7

❹ 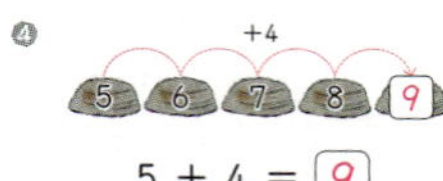
+4
5 + 4 = 9

❺ 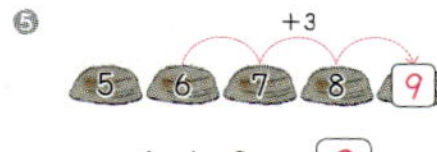
+3
6 + 3 = 9

❻ 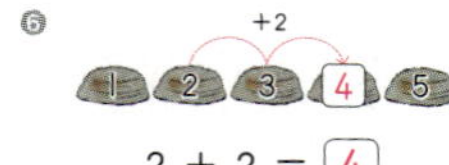
+2
2 + 2 = 4

🌱 뛰어 세어 덧셈을 하세요.

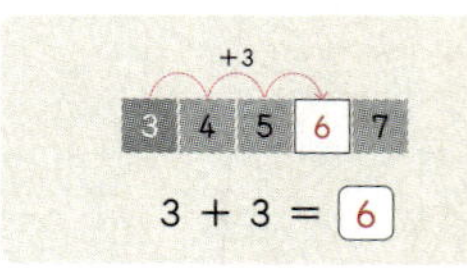
+3
| 3 | 4 | 5 | 6 | 7 |
3 + 3 = 6

❶ 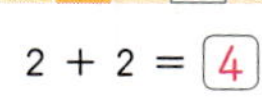
+2
| 1 | 2 | 3 | 4 | 5 |
2 + 2 = 4

❷ +2
| 1 | 2 | 3 | 4 | 5 |
3 + 2 = 5

❸ +1
| 5 | 6 | 7 | 8 | 9 |
5 + 1 = 6

❹ 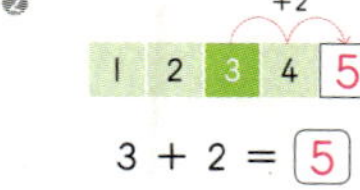
+4
| 4 | 5 | 6 | 7 | 8 |
4 + 4 = 8

❺ +2
| 5 | 6 | 7 | 8 | 9 |
5 + 2 = 7

❻ 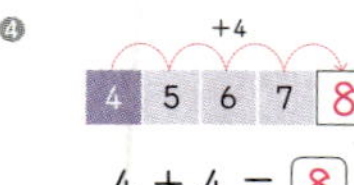
+3
| 5 | 6 | 7 | 8 | 9 |
6 + 3 = 9

12·13

기차가 굴뚝에 연기를 뿜으면서 지나가요.

🌱 기차 굴뚝 연기에 알맞은 수를 써넣으며 덧셈을 하세요.

❶ 
5 6
4 + 2 = 6

❷ 
9
8 + 1 = 9

❸ 
6 7 8
5 + 3 = 8

❹ 
4 5 6
3 + 3 = 6

❺ 
5
4 + 1 = 5

❻
5 6 7
4 + 3 = 7

🌱 덧셈을 하세요.

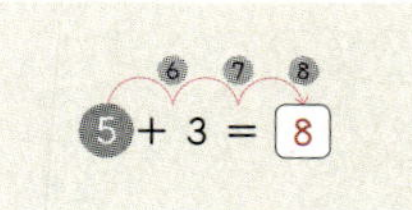

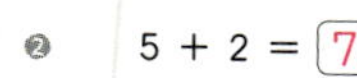

❶ 8 + 1 = 9 　　❷ 5 + 2 = 7

❸ 7 + 2 = 9 　　❹ 4 + 3 = 7

❺ 3 + 1 = 4 　　❻ 6 + 3 = 9

❼ 3 + 2 = 5 　　❽ 5 + 4 = 9

❾ 4 + 2 = 6 　　❿ 6 + 2 = 8

243 바꾸어 덧셈하기

14 · 15

태돌이는 초콜릿 아이스크림과 딸기 아이스크림의 위치를 서로 바꾸었어요.

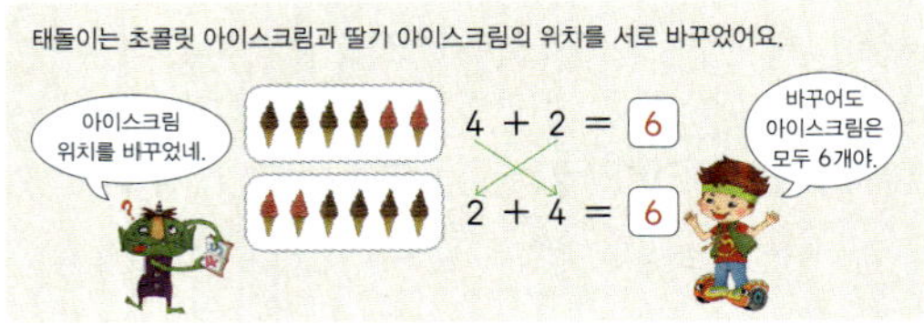

🌱 그림을 보고 □ 안에 알맞은 수를 쓰세요.

① 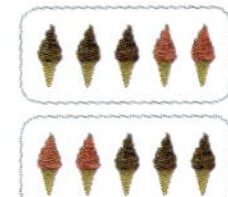
$3 + 2 = 5$
$2 + 3 = 5$

② 
$5 + 3 = 8$
$3 + 5 = 8$

③ 
$6 + 1 = 7$
$1 + 6 = 7$

🌱 바꾸어 더했어요. □ 안에 알맞은 수를 쓰세요.

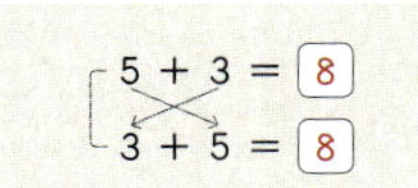
$5 + 3 = 8$
$3 + 5 = 8$

① $2 + 4 = 6$　　$4 + 2 = 6$
② $3 + 4 = 7$　　$4 + 3 = 7$
③ $1 + 6 = 7$　　$6 + 1 = 7$
④ $2 + 6 = 8$　　$6 + 2 = 8$
⑤ $3 + 5 = 8$　　$5 + 3 = 8$
⑥ $1 + 8 = 9$　　$8 + 1 = 9$
⑦ $2 + 7 = 9$　　$7 + 2 = 9$
⑧ $4 + 5 = 9$　　$5 + 4 = 9$

---

16 · 17

티나와 태돌이가 도미노 놀이를 해요.

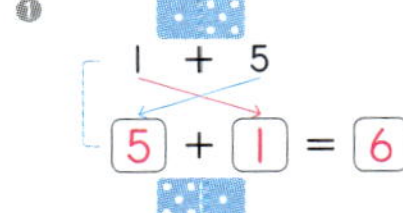

🌱 바꾸어 덧셈을 하세요.

① 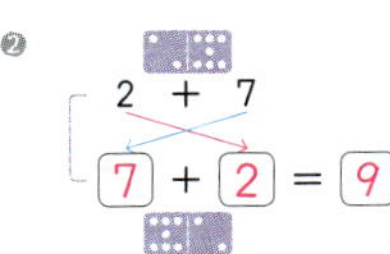
$1 + 5$
$5 + 1 = 6$

②
$2 + 7$
$7 + 2 = 9$

③ 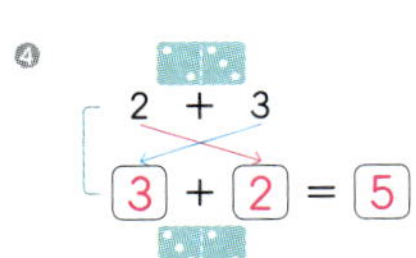
$4 + 5$
$5 + 4 = 9$

④
$2 + 3$
$3 + 2 = 5$

🌱 바꾸어 덧셈을 하세요.

① $3 + 4 = 7$　　$4 + 3$
② $2 + 6 = 8$　　$6 + 2$
③ $1 + 4 = 5$　　$4 + 1$
④ $3 + 5 = 8$　　$5 + 3$
⑤ $2 + 7 = 9$　　$7 + 2$
⑥ $1 + 5 = 6$　　$5 + 1$
⑦ $2 + 4 = 6$　　$4 + 2$
⑧ $3 + 6 = 9$　　$6 + 3$

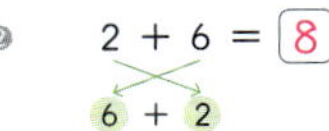
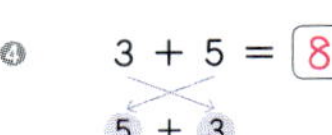

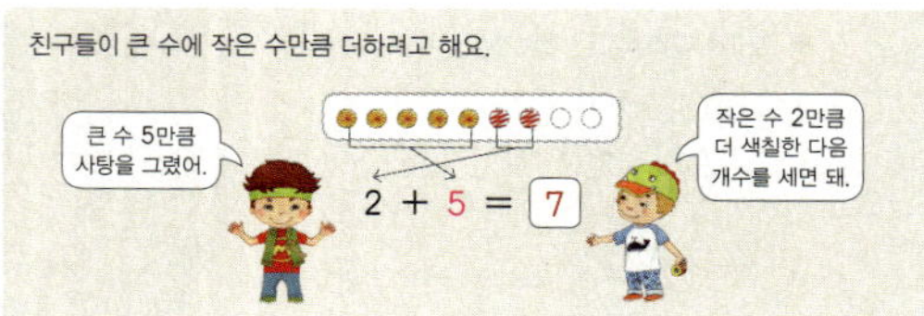

18 · 19

244 큰 수 찾아 덧셈하기

친구들이 큰 수에 작은 수만큼 더하려고 해요.

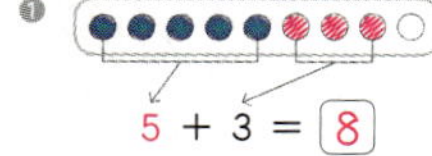

작은 수만큼 더 색칠하고 덧셈을 하세요.

① 5 + 3 = 8
② 3 + 4 = 7
③ 6 + 2 = 8
④ 2 + 4 = 6
⑤ 7 + 2 = 9
⑥ 3 + 5 = 8

큰 수에서 작은 수만큼 세어 덧셈을 하세요.

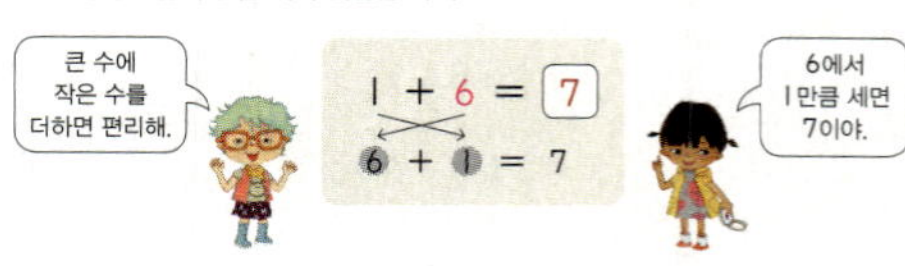

① 1 + 4 = 5
   4 + 1 = 5
② 7 + 2 = 9
③ 2 + 6 = 8
   6 + 2 = 8
④ 8 + 1 = 9
⑤ 3 + 5 = 8
   5 + 3 = 8
⑥ 5 + 4 = 9
⑦ 6 + 3 = 9
⑧ 1 + 5 = 6
   5 + 1 = 6
⑨ 3 + 2 = 5
⑩ 3 + 4 = 7
   4 + 3 = 7

---

20 · 21

태돌이와 큐리가 서로 다른 방법으로 덧셈을 해요.

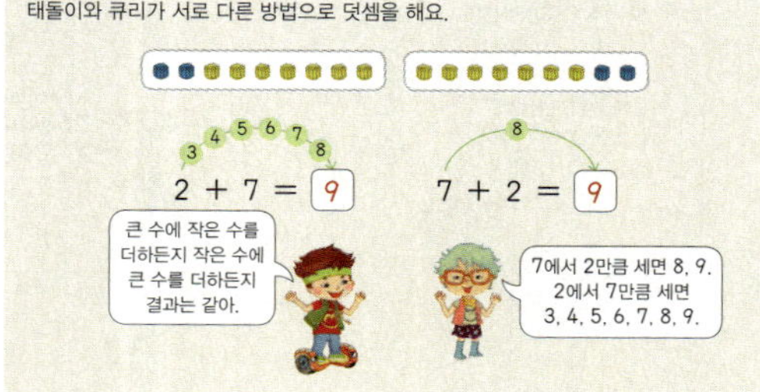

더하는 수만큼 순서대로 세어 덧셈을 하려고 해요. 빈 곳에 알맞은 수를 쓰세요.

① 2 + 4 = 6
② 4 + 2 = 6
③ 3 + 5 = 8
④ 5 + 3 = 8
⑤ 2 + 6 = 8
⑥ 6 + 2 = 8

큰 수를 찾아 ○표 하고 덧셈을 하세요.

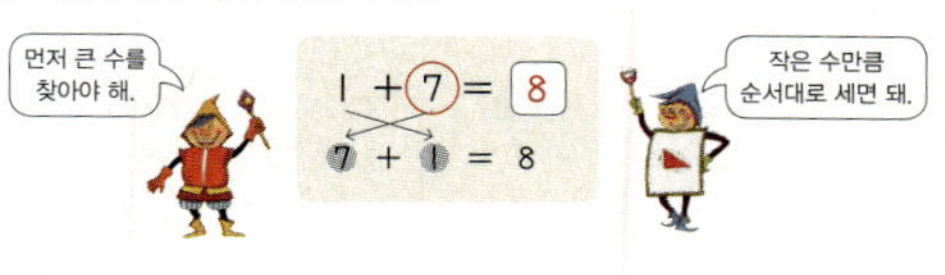

① 2 + ⑤ = 7
② ③ + 1 = 4
③ ⑥ + 3 = 9
④ ⑤ + 3 = 8
⑤ ⑦ + 2 = 9
⑥ 3 + ⑥ = 9
⑦ 1 + ④ = 5
⑧ ④ + 3 = 7
⑨ 2 + ③ = 5
⑩ 4 + ⑤ = 9

공부한 날
월
일

245 □가 있는 덧셈

🔴 남자아기가 풍선 8개를 들고 있어요. 구름에 가려진 풍선만큼 구름 안에 ○를 그리고 □ 안에 알맞은 수를 쓰세요.

$5 + \boxed{3} = 8$

🔴 가려진 구슬만큼 빈 곳에 ○를 그리고 □ 안에 알맞은 수를 쓰세요.

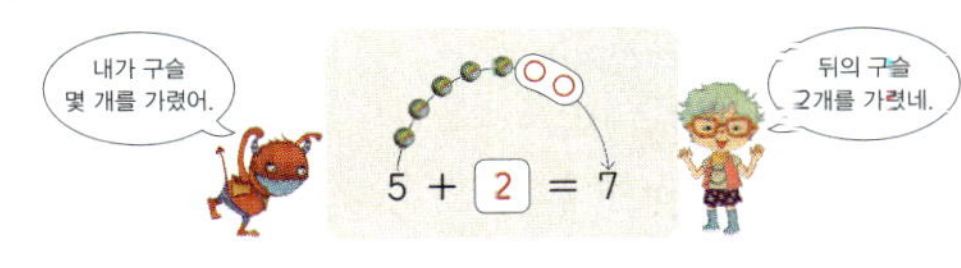

$5 + \boxed{2} = 7$

❶ 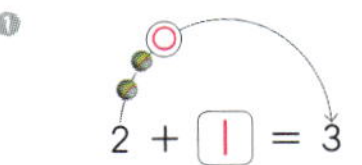

$2 + \boxed{1} = 3$

❷ 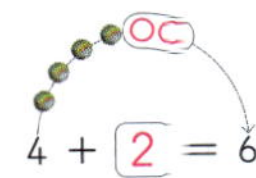

$4 + \boxed{2} = 6$

❸ 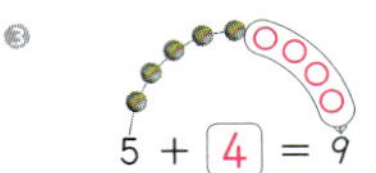

$5 + \boxed{4} = 9$

❹ 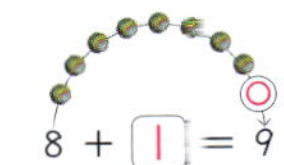

$8 + \boxed{1} = 9$

❺ 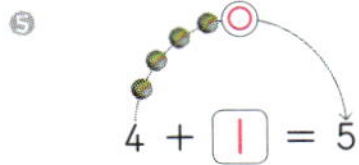

$4 + \boxed{1} = 5$

❻ 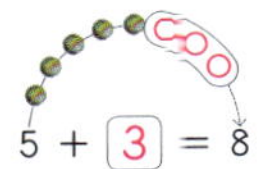

$5 + \boxed{3} = 8$

🔴 상자 안에 구슬 몇 개가 들어가 보이질 않아요.

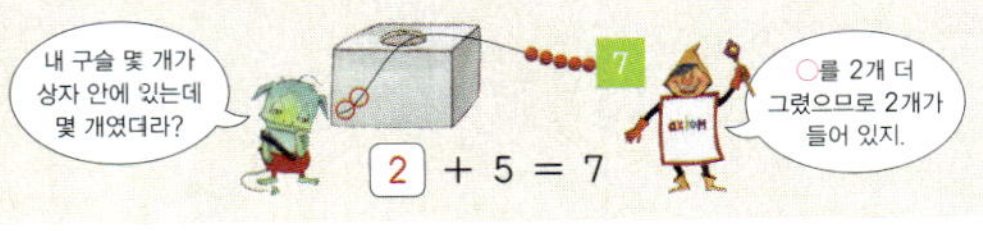

$\boxed{2} + 5 = 7$

🔴 상자 안에 있는 구슬만큼 ○를 그리고 □ 안에 알맞은 수를 쓰세요.

❶ 

$\boxed{1} + 7 = 8$

❷ 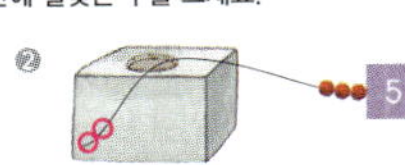

$\boxed{2} + 3 = 5$

❸ 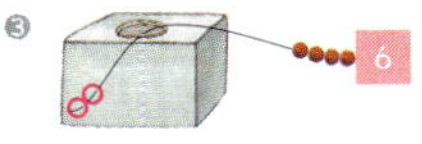

$\boxed{2} + 4 = 6$

❹ 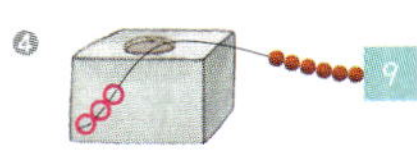

$\boxed{3} + 6 = 9$

❺ 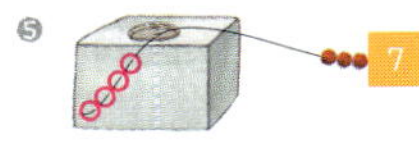

$\boxed{4} + 3 = 7$

❻ 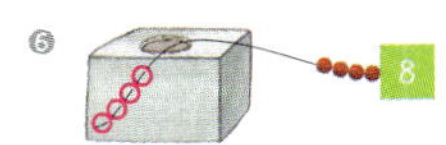

$\boxed{4} + 4 = 8$

🔴 가려진 구슬만큼 빈 곳에 ○를 그리고 □ 안에 알맞은 수를 쓰세요.

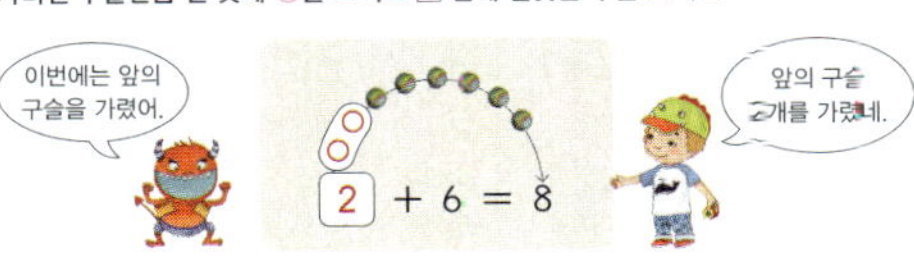

$\boxed{2} + 6 = 8$

❶ 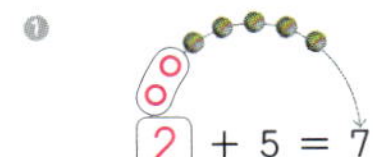

$\boxed{2} + 5 = 7$

❷ 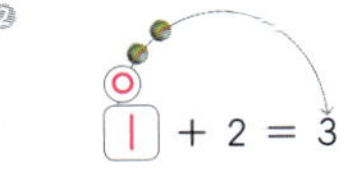

$\boxed{1} + 2 = 3$

❸ 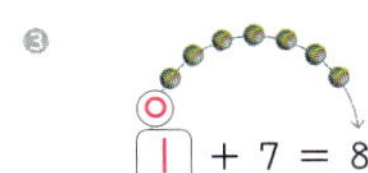

$\boxed{1} + 7 = 8$

❹ 

$\boxed{2} + 3 = 5$

❺ 

$\boxed{3} + 6 = 9$

❻ 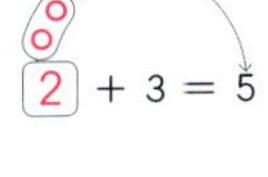 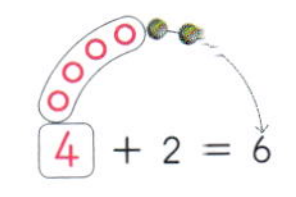

$\boxed{4} + 2 = 6$

26·27

무엇을 배웠을까요

▲ 더하는 수만큼 색칠하고 덧셈을 하세요.

❶ 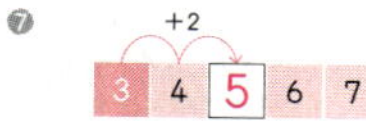
$5 + 1 = 6$

❷
$7 + 2 = 9$

▲ 덧셈을 하세요.

❸ $6 + 1 = 7$

❹ $5 + 3 = 8$

❺ $3 + 4 = 7$

❻ $7 + 1 = 8$

▲ 뛰어 세어 덧셈을 하세요.

❼
| 3 | 4 | 5 | 6 | 7 |
$3 + 2 = 5$

❽
| 5 | 6 | 7 | 8 | 9 |
$5 + 4 = 9$

▲ 바꾸어 더했어요. □ 안에 알맞은 수를 쓰세요.

❾
$1 + 4 = 5$
$4 + 1 = 5$

❿
$2 + 5 = 7$
$5 + 2 = 7$

▲ 큰 수에서 작은 수만큼 세어 덧셈을 하세요.

⓫ $1 + 8 = 9$

⓬ $2 + 7 = 9$

▲ 더하는 수만큼 순서대로 세어 덧셈을 하려고 해요. 빈 곳에 알맞은 수를 쓰세요.

⓭ 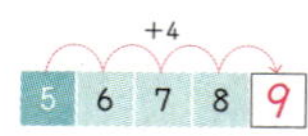
$3 + 4 = 7$

⓮
$4 + 3 = 7$

▲ 가려진 구슬만큼 빈 곳에 ◯를 그리고 □ 안에 알맞은 수를 쓰세요.

⓯ 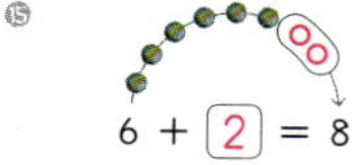
$6 + 2 = 8$

⓰
$1 + 5 = 6$

30·31

246 계속 세어 덧셈하기

▲ 더하는 수만큼 색칠하고 덧셈을 하세요.

❶
$7 + 3 = 10$

❷
$9 + 4 = 13$

❸
$7 + 5 = 12$

▲ 더하는 수만큼 색칠하고 덧셈을 하세요.

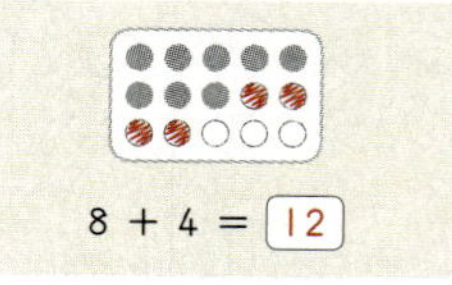

$8 + 4 = 12$

❶ 
$6 + 4 = 10$

❷ 
$9 + 2 = 11$

❸ 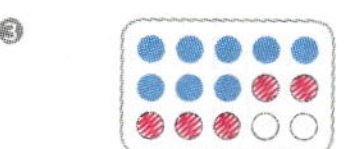
$8 + 5 = 13$

❹ 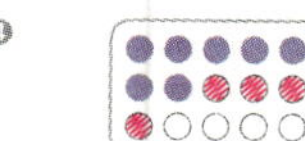
$7 + 4 = 11$

❺
$9 + 3 = 12$

❻ 
$9 + 4 = 13$

32 · 33

티나와 큐리가 주사위 놀이를 하려고 해요.

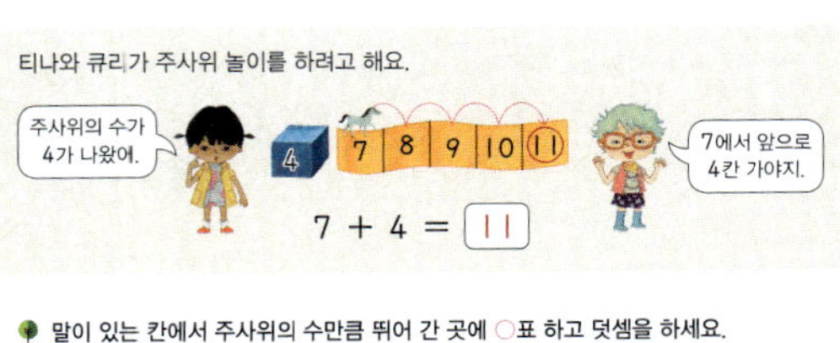

$$7 + 4 = \boxed{11}$$

🌳 말이 있는 칸에서 주사위의 수만큼 뛰어 간 곳에 ◯표 하고 덧셈을 하세요.

① 
$$6 + 4 = \boxed{10}$$

②
$$8 + 3 = \boxed{11}$$

③ 
$$9 + 2 = \boxed{11}$$

④
$$8 + 4 = \boxed{12}$$

⑤ 
$$7 + 4 = \boxed{11}$$

⑥
$$8 + 2 = \boxed{10}$$

🌳 덧셈을 하세요.

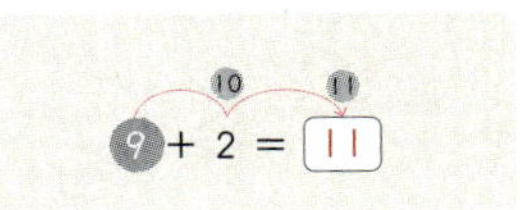
$$9 + 2 = \boxed{11}$$

① $9 + 1 = \boxed{10}$ ② $9 + 3 = \boxed{12}$

③ $8 + 3 = \boxed{11}$ ④ $9 + 4 = \boxed{13}$

⑤ $8 + 4 = \boxed{12}$ ⑥ $7 + 3 = \boxed{10}$

⑦ $8 + 2 = \boxed{10}$ ⑧ $9 + 2 = \boxed{11}$

⑨ $7 + 4 = \boxed{11}$ ⑩ $6 + 4 = \boxed{10}$

---

34 · 35

247 두 배

🌳 빵집 선반에 곰보빵, 도넛, 단팥빵이 놓여 있어요. 빈 곳에 같은 개수만큼 ◯를 그린 다음 전체 개수를 □ 안에 쓰세요.

🌳 그림을 보고 □ 안에 알맞은 수를 쓰세요.

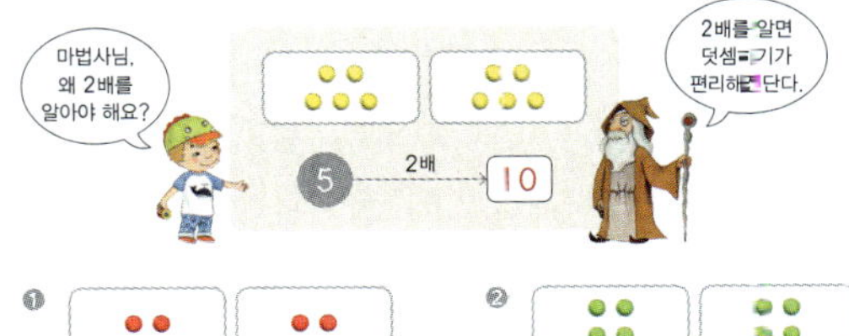

① 
$2 \xrightarrow{\text{2배}} \boxed{4}$

②
$4 \xrightarrow{\text{2배}} \boxed{8}$

③ 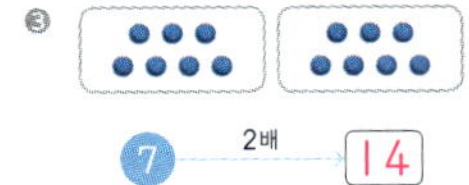
$7 \xrightarrow{\text{2배}} \boxed{14}$

④ 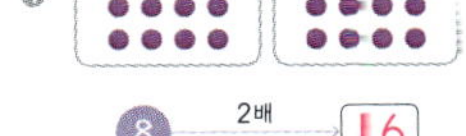
$8 \xrightarrow{\text{2배}} \boxed{16}$

⑤ 
$9 \xrightarrow{\text{2배}} \boxed{18}$

⑥ 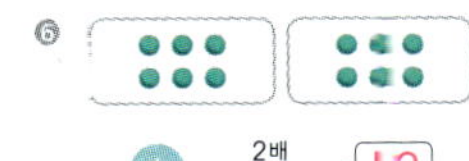
$6 \xrightarrow{\text{2배}} \boxed{12}$

36 37

현우가 같은 길이의 막대 2개를 붙였어요.

🌳 2배를 구하여 ☐ 안에 알맞은 수를 쓰세요.

① 5 5 / 10 / 5 + 5 = 10
② 4 4 / 8 / 4 + 4 = 8
③ 7 7 / 14 / 7 + 7 = 14
④ 3 3 / 6 / 3 + 3 = 6

🌳 ☐ 안에 알맞은 수를 쓰세요.

① 2 + 2 = 4 / 2 2배 4
② 1 + 1 = 2 / 1 2배 2
③ 4 + 4 = 8 / 4 2배 8
④ 6 + 6 = 12 / 6 2배 12
⑤ 7 + 7 = 14 / 7 2배 14
⑥ 5 + 5 = 10 / 5 2배 10
⑦ 8 + 8 = 16 / 8 2배 16
⑧ 9 + 9 = 18 / 9 2배 18

공부한 날
월
일

38 39

248 두 배를 활용한 덧셈

현우가 사탕의 수를 세고 있어요.

🌳 큰 묶음에서 작은 수만큼 ☐로 묶고 두 배를 활용하여 덧셈을 하세요.

① 6 7 8 / 3 / 5 + 3 = 8
② 5 / 10 11 12 / 5 + 7 = 12
③ 3 / 6 7 / 3 + 4 = 7
④ 12 13 / 6 / 7 + 6 = 13

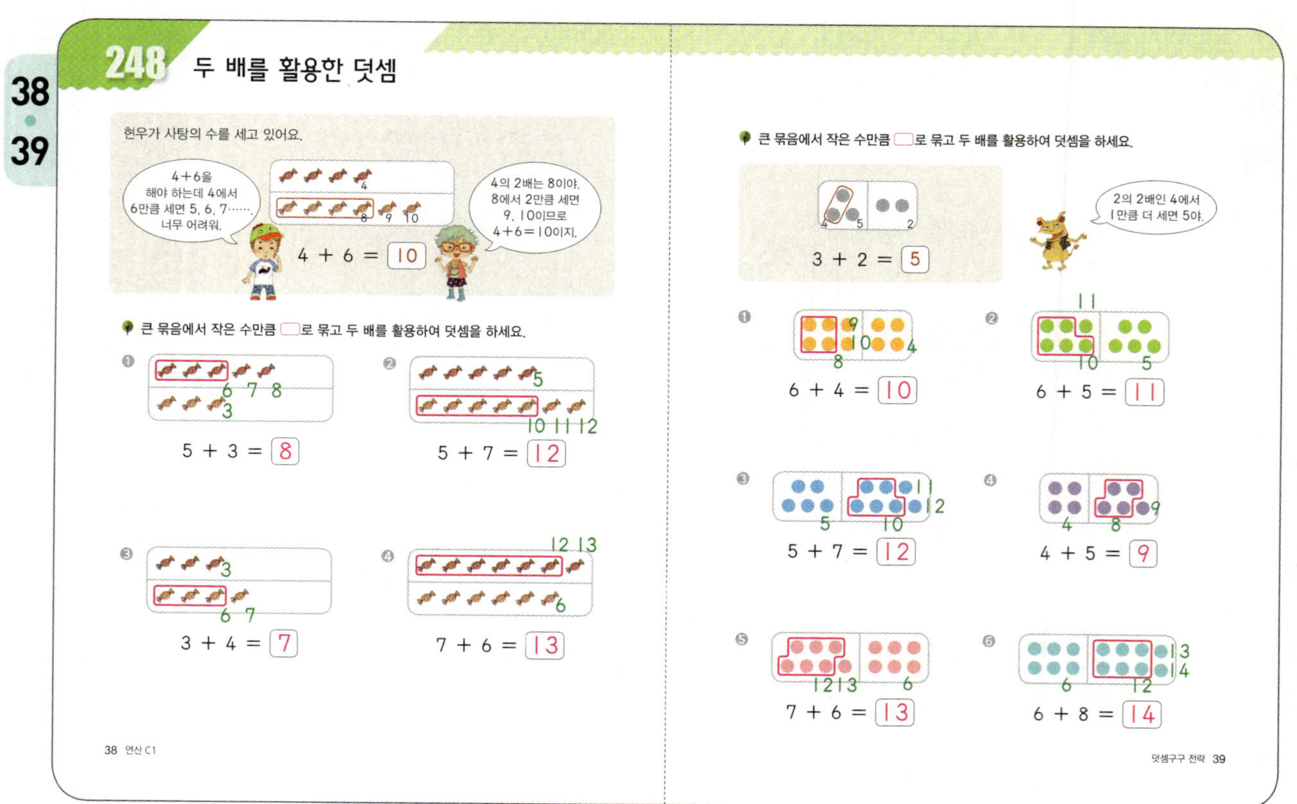

🌳 큰 묶음에서 작은 수만큼 ☐로 묶고 두 배를 활용하여 덧셈을 하세요.

① 9 10 / 8 / 4 / 6 + 4 = 10
② 11 / 10 / 5 / 6 + 5 = 11
③ 11 / 10 12 / 5 + 7 = 12
④ 9 / 4 8 / 4 + 5 = 9
⑤ 12 13 / 6 / 7 + 6 = 13
⑥ 13 14 / 6 12 / 6 + 8 = 14

8 연산 C1

덧셈 기차가 지나가고 있어요.

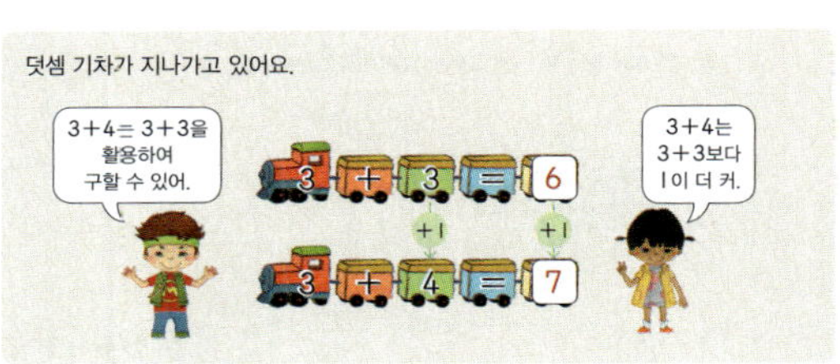

🌳 빈 곳에 알맞은 수를 써넣어 덧셈을 하세요.

①
5 + 5 = 10
+1 +1
5 + 6 = 11

②
7 + 7 = 14
+2 +2
7 + 9 = 16

③
4 + 4 = 8
+1 +1
5 + 4 = 9

④
6 + 6 = 12
+2 +2
8 + 6 = 14

🌳 두 배를 활용하여 덧셈을 하세요.

6 + 6 = 12
+1 +1
7 + 6 = 13

①
4 + 4 = 8
+1 +1
4 + 5 = 9

②
3 + 3 = 6
+1 +1
3 + 4 = 7

③
6 + 6 = 12
+2 +2
8 + 6 = 14

④
5 + 5 = 10
+1 +1
6 + 5 = 11

⑤
8 + 8 = 16
+1 +1
8 + 9 = 17

⑥
7 + 7 = 14
+2 +2
7 + 9 = 16

❄ 무엇을 배웠을까요

🌲 더하는 수만큼 색칠하고 덧셈을 하세요.

①
8 + 2 = 10

②
9 + 3 = 12

🌲 말이 있는 칸에서 주사위의 수만큼 뛰어 간 곳에 ○표 하고 덧셈을 하세요.

③
7 + 3 = 10

④
9 + 4 = 13

🌲 덧셈을 하세요.

⑤ 6 + 5 = 11

⑥ 9 + 6 = 15

🌲 2배를 구하여 □ 안에 알맞은 수를 쓰세요.

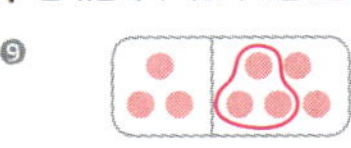

⑦
2 + 2 = 4

⑧
8 + 8 = 16

🌲 큰 묶음에서 작은 수만큼 □로 묶고 두 배를 활용하여 덧셈을 하세요.

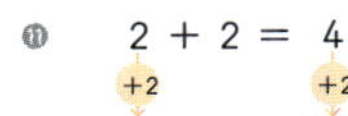

⑨
3 + 5 = 8

⑩
5 + 8 = 13

🌲 두 배를 활용하여 덧셈을 하세요.

⑪
2 + 2 = 4
+2 +2
4 + 2 = 6

⑫
6 + 6 = 12
+1 +1
6 + 7 = 13

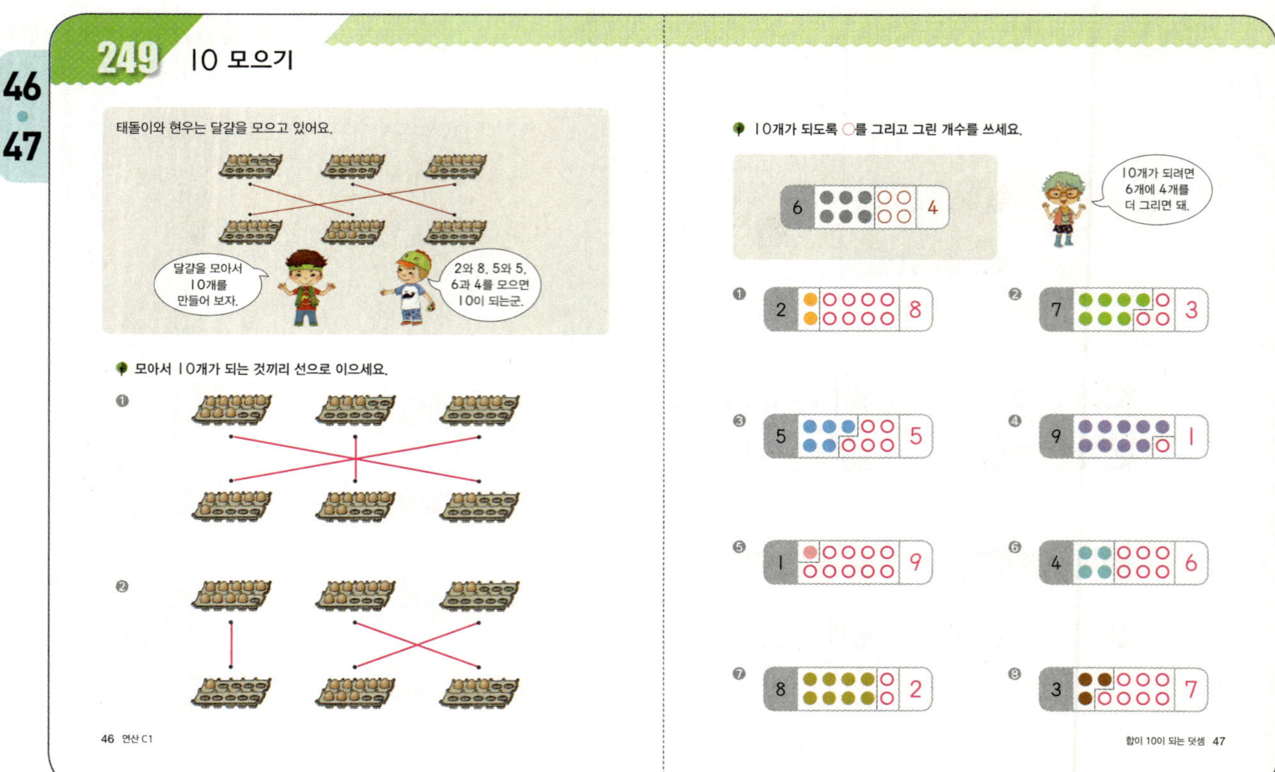
46
47
249 10 모으기
태돌이와 현우는 달걀을 모으고 있어요.
달걀을 모아서 10개를 만들어 보자.
2와 8, 5와 5, 6과 4를 모으면 10이 되는군.
모아서 10개가 되는 것끼리 선으로 이으세요.
①
②
46 연산 C1
10개가 되도록 ○를 그리고 그린 개수를 쓰세요.
10개가 되려면 6개에 4개를 더 그리면 돼.
6   4
① 2 ○○○○○ 8
② 7 ○○ 3
③ 5 ○○ 5
④ 9 ○ 1
⑤ 1 ○○○○○○○○○ 9
⑥ 4 ○○○ 6
⑦ 8 ○○ 2
⑧ 3 ○○○○○○○ 7
합이 10이 되는 덧셈 47

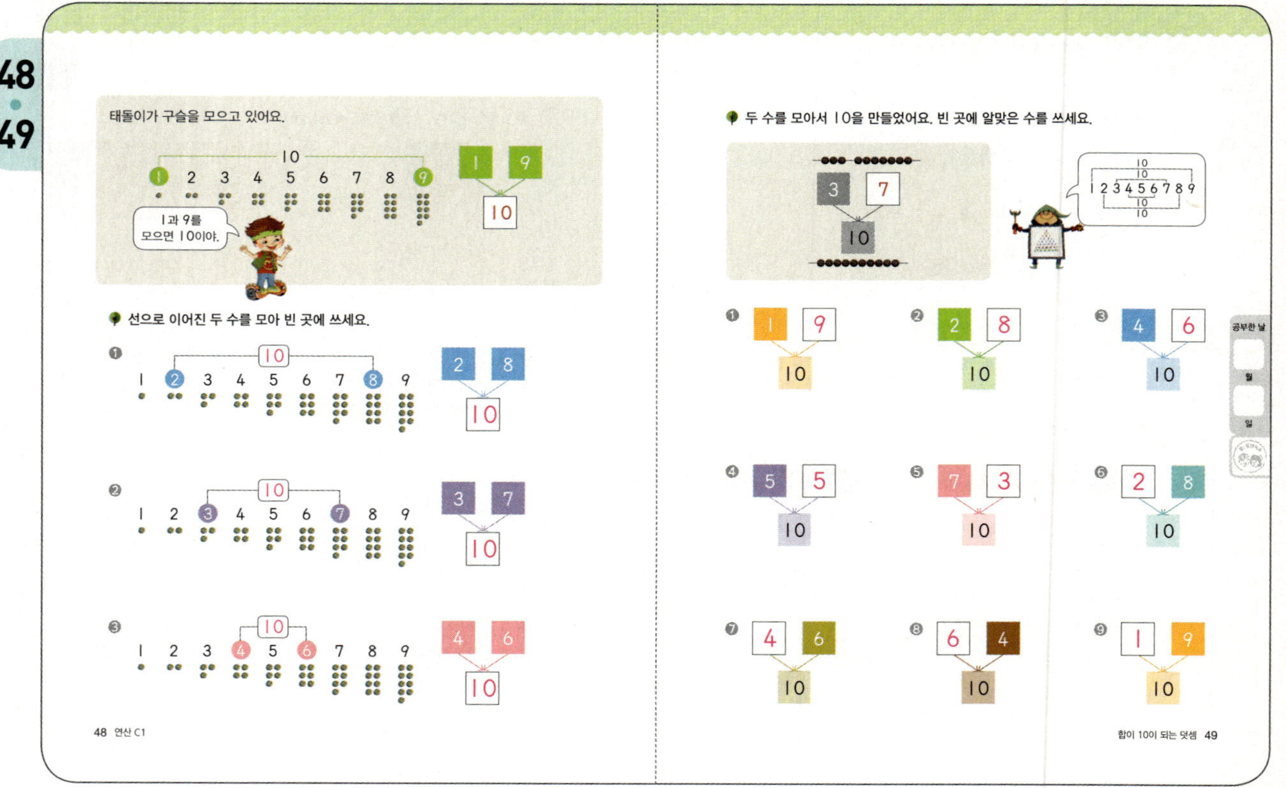
48
49
태돌이가 구슬을 모으고 있어요.
10
1 2 3 4 5 6 7 8 9
1 9
10
1과 9를 모으면 10이야.
선으로 이어진 두 수를 모아 빈 곳에 쓰세요.
① 10
1 2 3 4 5 6 7 8 9
2 8
10
② 10
1 2 3 4 5 6 7 8 9
3 7
10
③ 10
1 2 3 4 5 6 7 8 9
4 6
10
48 연산 C1
두 수를 모아서 10을 만들었어요. 빈 곳에 알맞은 수를 쓰세요.
3 7
10
1 2 3 4 5 6 7 8 9
① 1 9
10
② 2 8
10
③ 4 6
10
④ 5 5
10
⑤ 7 3
10
⑥ 2 8
10
⑦ 4 6
10
⑧ 6 4
10
⑨ 1 9
10
공부한 날
월
일
합이 10이 되는 덧셈 49

250 합이 10이 되는 덧셈

현우가 나뭇잎을 그리고 있어요.

🍃 10장이 되도록 가지에 ○를 그리고 □ 안에 알맞은 수를 쓰세요.

① 8 + 2 = 10

② 9 + 1 = 10

③ 4 + 6 = 10

④ 7 + 3 = 10

🌱 □ 안에 알맞은 수를 쓰세요.

7 + 3 = 10

① 3 + 7 = 10

② 5 + 5 = 10

③ 1 + 9 = 10

④ 6 + 4 = 10

⑤ 8 + 2 = 10

⑥ 2 + 8 = 10

⑦ 4 + 6 = 10

⑧ 9 + 1 = 10

태돌이의 취미는 공 모으기예요.

🌱 10개가 되도록 왼쪽 바구니에 ○를 그리고 □ 안에 알맞은 수를 쓰세요.

① 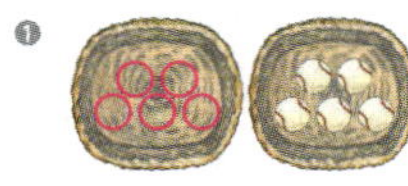 5 + 5 = 10

② 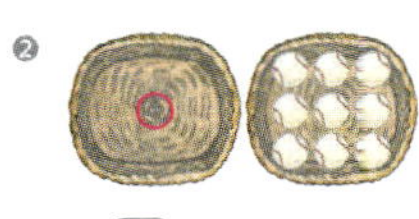 1 + 9 = 10

③  4 + 6 = 10

④ 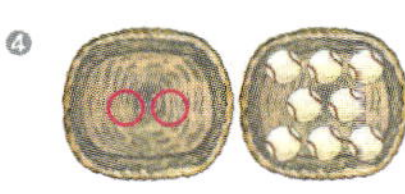 2 + 8 = 10

🌱 □ 안에 알맞은 수를 쓰세요.

8 + 2 = 10

① 3 + 7 = 10

② 6 + 4 = 10

③ 5 + 5 = 10

④ 4 + 6 = 10

⑤ 7 + 3 = 10

⑥ 2 + 8 = 10

⑦ 9 + 1 = 10

⑧ 1 + 9 = 10

정답 11

251 10 만들기

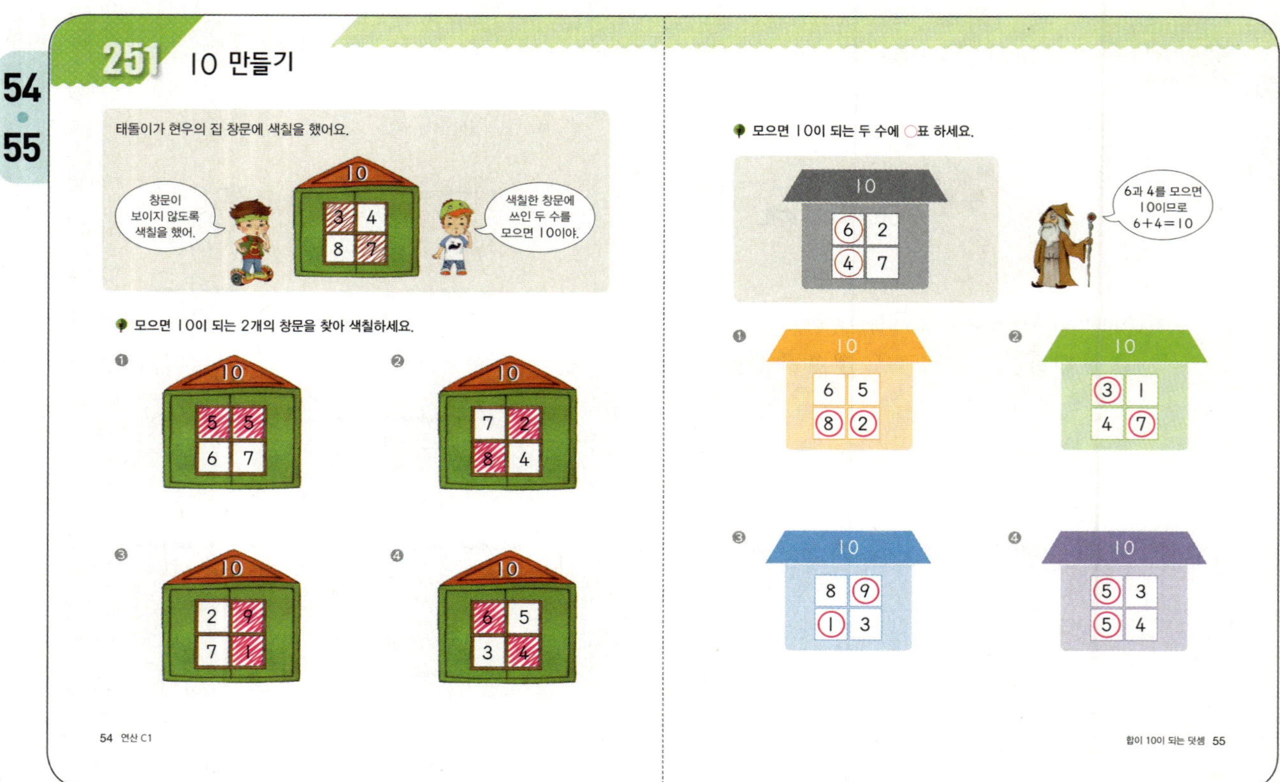
태돌이가 현우의 집 창문에 색칠을 했어요.
창문이 보이지 않도록 색칠을 했어.
색칠한 창문에 쓰인 두 수를 모으면 10이야.
10
3 4
8 7
모으면 10이 되는 2개의 창문을 찾아 색칠하세요.
❶ 10 5 5 6 7
❷ 10 7 2 8 4
❸ 10 2 9 7 1
❹ 10 6 5 3 4
모으면 10이 되는 두 수에 ○표 하세요.
6과 4를 모으면 10이므로 6+4=10
10 6 2 4 7
❶ 10 6 5 8 2
❷ 10 3 1 4 7
❸ 10 8 9 1 3
❹ 10 5 3 5 4

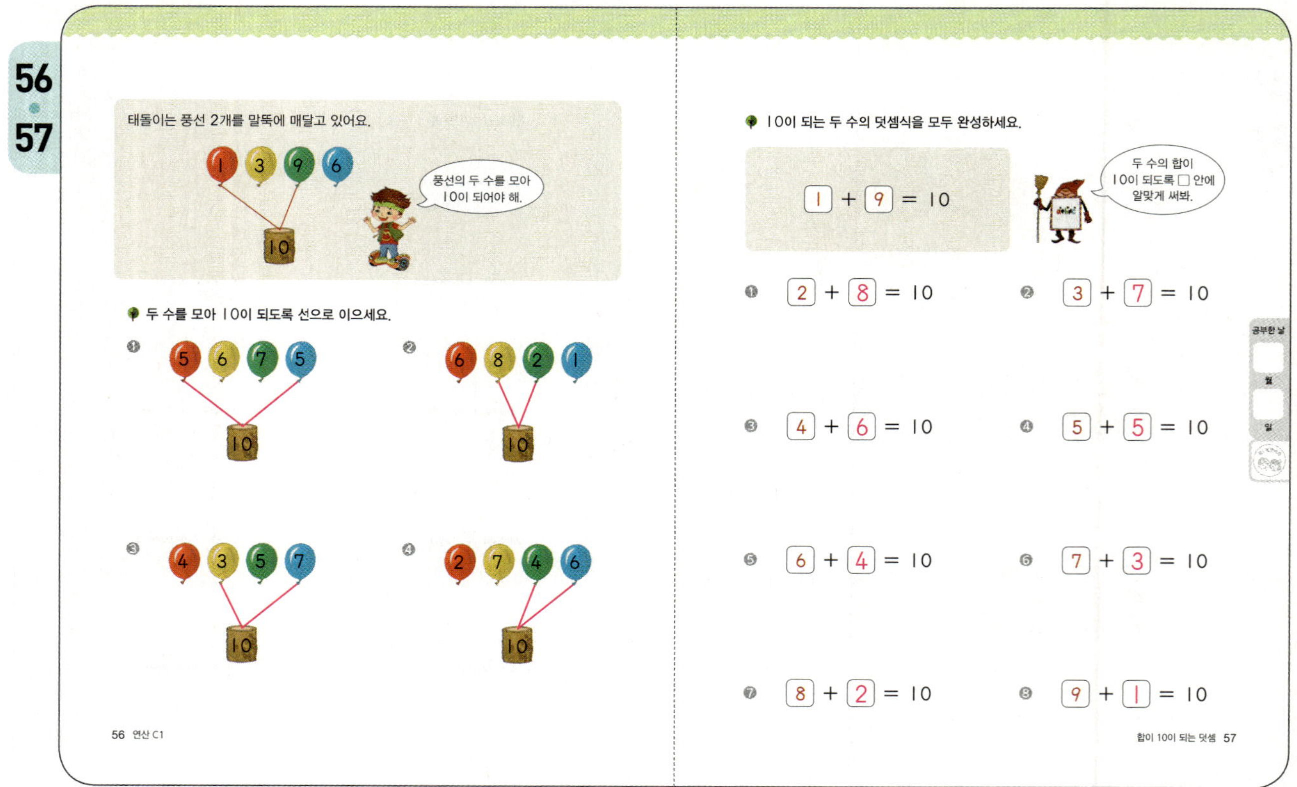
태돌이는 풍선 2개를 말뚝에 매달고 있어요.
1 3 9 6
풍선의 두 수를 모아 10이 되어야 해.
10
두 수를 모아 10이 되도록 선으로 이으세요.
❶ 5 6 7 5 10
❷ 6 8 2 1 10
❸ 4 3 5 7 10
❹ 2 7 4 6 10
10이 되는 두 수의 덧셈식을 모두 완성하세요.
두 수의 합이 10이 되도록 □ 안에 알맞게 써봐.
1 + 9 = 10
❶ 2 + 8 = 10
❷ 3 + 7 = 10
❸ 4 + 6 = 10
❹ 5 + 5 = 10
❺ 6 + 4 = 10
❻ 7 + 3 = 10
❼ 8 + 2 = 10
❽ 9 + 1 = 10
공부한 날 월 일

252 10이 되는 두 수 찾아 덧셈하기

● 작은 어항의 물고기를 큰 어항으로 옮겨 10마리를 만들었어요. 바닥에 있는 어항 속의 금붕어는 모두 몇 마리인지 쓰세요.

금붕어: 15 마리

4+6+5

● □ 안에 알맞은 수를 쓰세요.

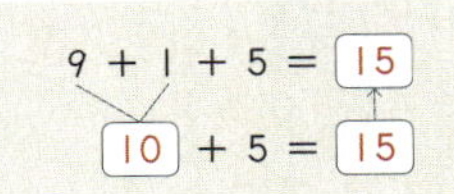

$9 + 1 + 5 = 15$
$10 + 5 = 15$

❶ $3 + 7 + 8 = 18$
$10 + 8 = 18$

❷ $6 + 4 + 2 = 12$
$10 + 2 = 12$

❸ $9 + 7 + 3 = 19$
$9 + 10 = 19$

❹ $6 + 5 + 5 = 16$
$6 + 10 = 16$

❺ $8 + 1 + 2 = 11$
$10 + 1 = 11$

❻ $1 + 7 + 9 = 17$
$10 + 7 = 17$

● 양팔 저울을 이용하여 양쪽의 무게가 같도록 만들었어요.

● 추에 적힌 세 수를 더하여 □ 안에 알맞은 수를 쓰세요.

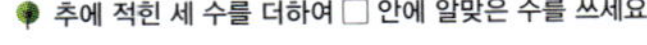

❶ 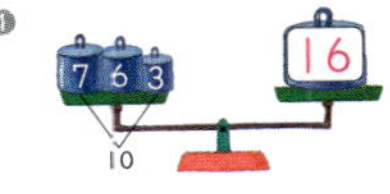  16

❷ 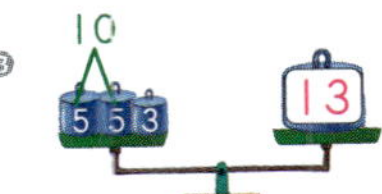 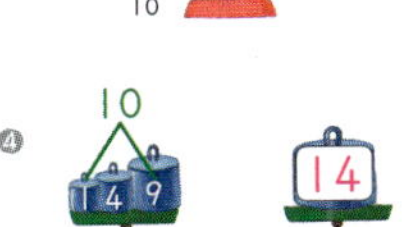 19

❸ 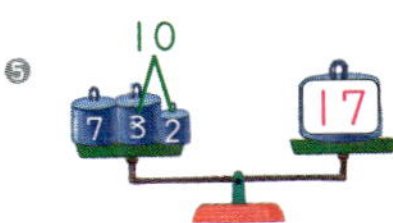 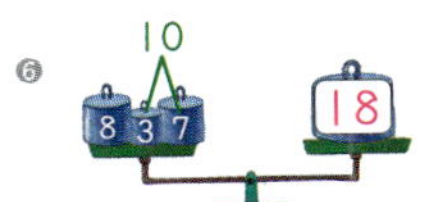 13

❹ 14

❺ 17

❻ 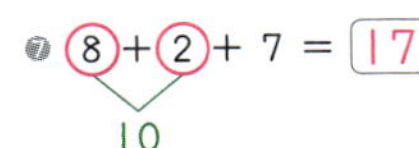 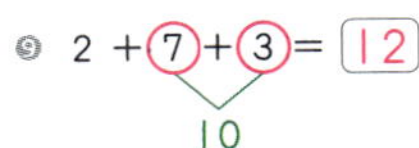 18

● 합이 10이 되는 두 수를 찾아 ○표 하고 덧셈을 하세요.

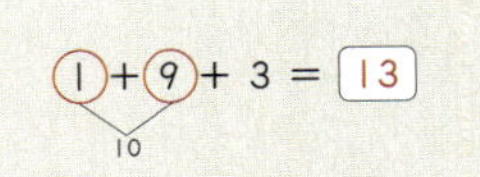
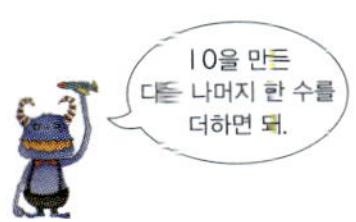

$1 + 9 + 3 = 13$

❶ $3 + 5 + 7 = 15$

❷ $2 + 5 + 5 = 12$

❸ $9 + 4 + 6 = 19$

❹ $3 + 7 + 5 = 16$

❺ $9 + 6 + 1 = 16$

❻ $3 + 6 + 4 = 13$

❼ $8 + 2 + 7 = 17$

❽ $5 + 9 + 5 = 19$

❾ $2 + 7 + 3 = 12$

❿ $6 + 2 + 8 = 16$

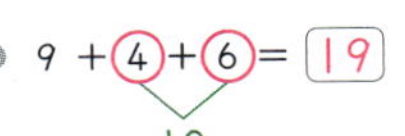
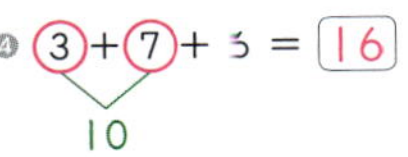
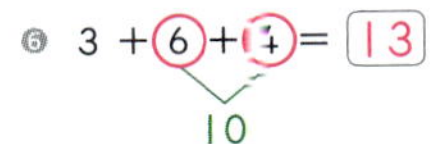
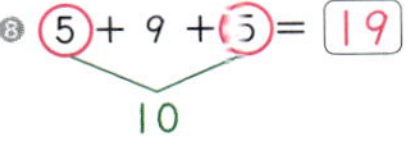

62·63

❄ 무엇을 배웠을까요

▲ 두 수를 모아서 10을 만들었어요. 빈 곳에 알맞은 수를 쓰세요.

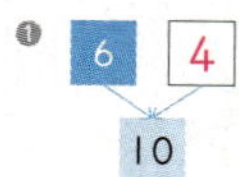 6 · 4 → 10
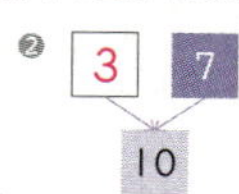 3 · 7 → 10
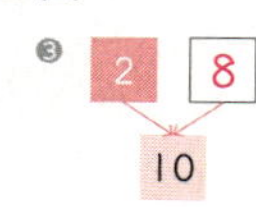 2 · 8 → 10

▲ □ 안에 알맞은 수를 쓰세요.

④ $5 + \boxed{5} = 10$　　⑤ $\boxed{2} + 8 = 10$

⑥ $9 + \boxed{1} = 10$　　⑦ $\boxed{4} + 6 = 10$

▲ 모으면 10이 되는 두 수에 ○표 하세요.

⑧ 10
3　⑥
④　2

⑨ 10
①　2
7　⑨

▲ 두 수를 모아 10이 되도록 선으로 이으세요.

⑩  2 3 8 9 → 10

⑪  1 7 3 6 → 10

▲ □ 안에 알맞은 수를 쓰세요.

⑫ $1 + 9 + 6 = \boxed{16}$
$\boxed{10} + 6 = \boxed{16}$

⑬ $4 + 5 + 6 = \boxed{15}$
$\boxed{10} + 5 = \boxed{15}$

▲ 합이 10이 되는 두 수를 찾아 ○표 하고 덧셈을 하세요.

⑭ $\boxed{5} + 7 + \boxed{5} = \boxed{17}$ (10)
⑮ $\boxed{8} + \boxed{2} + 4 = \boxed{14}$ (10)

⑯ $\boxed{3} + 2 + \boxed{7} = \boxed{12}$ (10)
⑰ $6 + \boxed{9} + \boxed{1} = \boxed{16}$ (10)

66·67

253 더하는 수를 갈라 덧셈하기

큐리와 태돌이가 구슬을 옮겨 덧셈하는 방법을 알아보려고 해요.

$7 + 4 = \boxed{11}$
$7 + \boxed{3} + \boxed{1} = \boxed{11}$

🌱 그림을 보고 □ 안에 알맞은 수를 쓰세요.

① $6 + 5 = \boxed{11}$
$6 + \boxed{4} + \boxed{1} = \boxed{11}$

② $8 + 6 = \boxed{14}$
$8 + \boxed{2} + \boxed{4} = \boxed{14}$

③ $9 + 7 = \boxed{16}$
$9 + \boxed{1} + \boxed{6} = \boxed{16}$

④ $8 + 7 = \boxed{15}$
$8 + \boxed{2} + \boxed{5} = \boxed{15}$

🌱 □ 안에 알맞은 수를 쓰세요.

$8 + 6 = \boxed{14}$
$8 + \boxed{2} + \boxed{4}$
$10 + 4 = \boxed{14}$

① $9 + 5 = \boxed{14}$
$9 + \boxed{1} + \boxed{4}$
$10 + 4 = \boxed{14}$

② $6 + 5 = \boxed{11}$
$6 + \boxed{4} + \boxed{1}$
$10 + 1 = \boxed{11}$

③ $8 + 4 = \boxed{12}$
$8 + \boxed{2} + \boxed{2}$
$10 + 2 = \boxed{12}$

④ $9 + 7 = \boxed{16}$
$9 + \boxed{1} + \boxed{6}$
$10 + 6 = \boxed{16}$

⑤ $7 + 4 = \boxed{11}$
$7 + \boxed{3} + \boxed{1}$
$10 + 1 = \boxed{11}$

⑥ $8 + 7 = \boxed{15}$
$8 + \boxed{2} + \boxed{5}$
$10 + 5 = \boxed{15}$

태돌이와 현우는 숫자 구슬로 덧셈하는 방법을 알아보았어요.

● 더하는 수를 갈라 덧셈을 하세요.

❶ 8 + 5 = 13
8 + 2 + 3

❷ 9 + 6 = 15
9 + 1 + 5

❸ 7 + 4 = 11
7 + 3 + 1

❹ 8 + 6 = 14
8 + 2 + 4

❺ 5 + 7 = 12
5 + 5 + 2

❻ 7 + 7 = 14
7 + 3 + 4

● 덧셈을 하세요.

7 + 5 = 12
7+3+2
10+2=12

❶ 8 + 3 = 11
8+2+1
10+1=11

❷ 6 + 5 = 11
6+4+1
10+1=11

❸ 9 + 7 = 16
9+1+6
10+6=16

❹ 7 + 4 = 11
7+3+1
10+1=11

❺ 8 + 4 = 12
8+2+2
10+2=12

❻ 9 + 5 = 14
9+1+4
10+4=14

❼ 9 + 9 = 18
9+1+8
10+8=18

❽ 8 + 7 = 15
8+2+5
10+5=15

❾ 8 + 6 = 14
8+2+4
10+4=14

❿ 9 + 8 = 17
9+1+7
10+7=17

---

254 더해지는 수를 갈라 덧셈하기

큐리가 구슬을 옮겨 덧셈하는 방법을 알아보았어요.

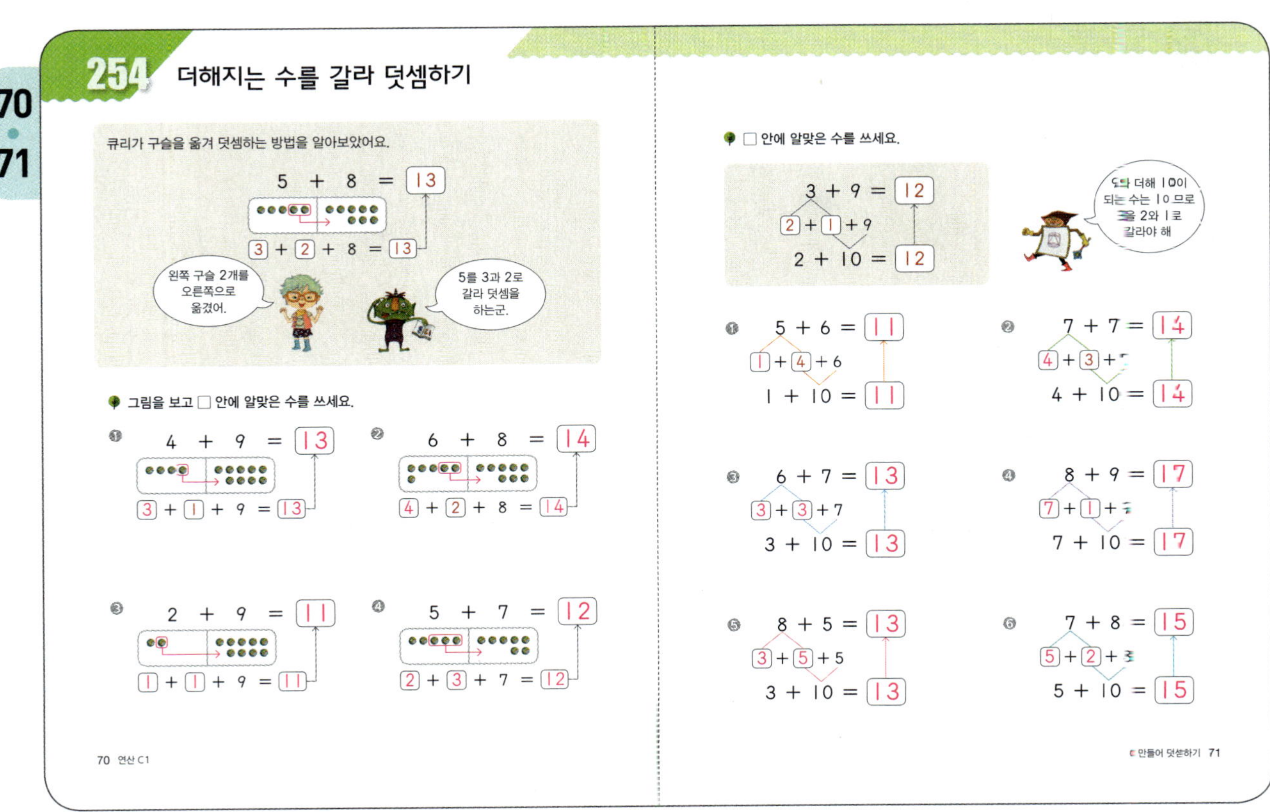

● 그림을 보고 □ 안에 알맞은 수를 쓰세요.

❶ 4 + 9 = 13
3 + 1 + 9 = 13

❷ 6 + 8 = 14
4 + 2 + 8 = 14

❸ 2 + 9 = 11
1 + 1 + 9 = 11

❹ 5 + 7 = 12
2 + 3 + 7 = 12

● □ 안에 알맞은 수를 쓰세요.

3 + 9 = 12
2 + 1 + 9
2 + 10 = 12

❶ 5 + 6 = 11
1 + 4 + 6
1 + 10 = 11

❷ 7 + 7 = 14
4 + 3 + 7
4 + 10 = 14

❸ 6 + 7 = 13
3 + 3 + 7
3 + 10 = 13

❹ 8 + 9 = 17
7 + 1 + 7
7 + 10 = 17

❺ 8 + 5 = 13
3 + 5 + 5
3 + 10 = 13

❻ 7 + 8 = 15
5 + 2 + 7
5 + 10 = 15

정답 15

72 · 73

태돌이와 현우가 숫자 구슬로 덧셈하는 방법을 알아보았어요.

● 더해지는 수를 갈라 덧셈을 하세요.

① 4 + 8 = 12
2 + 2 + 8

② 6 + 9 = 15
5 + 1 + 9

③ 6 + 7 = 13
3 + 3 + 7

④ 9 + 9 = 18
8 + 1 + 9

⑤ 5 + 9 = 14
4 + 1 + 9

⑥ 7 + 8 = 15
5 + 2 + 8

● 덧셈을 하세요.

6 + 8 = 14
4+2+8
4+10=14

① 3 + 9 = 12
2+1+9
2+10=12

② 5 + 7 = 12
2+3+7
2+10=12

③ 5 + 8 = 13
3+2+8
3+10=13

④ 4 + 9 = 13
3+1+9
3+10=13

⑤ 6 + 7 = 13
3+3+7
3+10=13

⑥ 2 + 9 = 11
1+1+9
1+10=11

⑦ 3 + 8 = 11
1+2+8
1+10=11

⑧ 6 + 9 = 15
5+1+9
5+10=15

⑨ 8 + 9 = 17
7+1+9
7+10=17

⑩ 6 + 6 = 12
2+4+6
2+10=12

74 · 75

255 작은 수를 갈라 덧셈하기

현우가 도미노 두 점의 수의 합을 구하려고 해요.

● 작은 수를 갈라 덧셈을 하세요.

① 7 + 5 = 12
3 2

② 4 + 9 = 13
3 1

③ 9 + 2 = 11
1 1

④ 6 + 7 = 13
3 3

⑤ 8 + 3 = 11
2 1

⑥ 6 + 8 = 14
4 2

⑦ 9 + 7 = 16
1 6

⑧ 8 + 9 = 17
7 1

● 도미노의 빈 곳에 알맞은 점을 그리고 덧셈을 하세요.

① 8 + 4 = 12

② 9 + 6 = 15

③ 5 + 6 = 11

④ 7 + 8 = 15

태돌이가 막대의 길이의 합을 구하고 있어요.

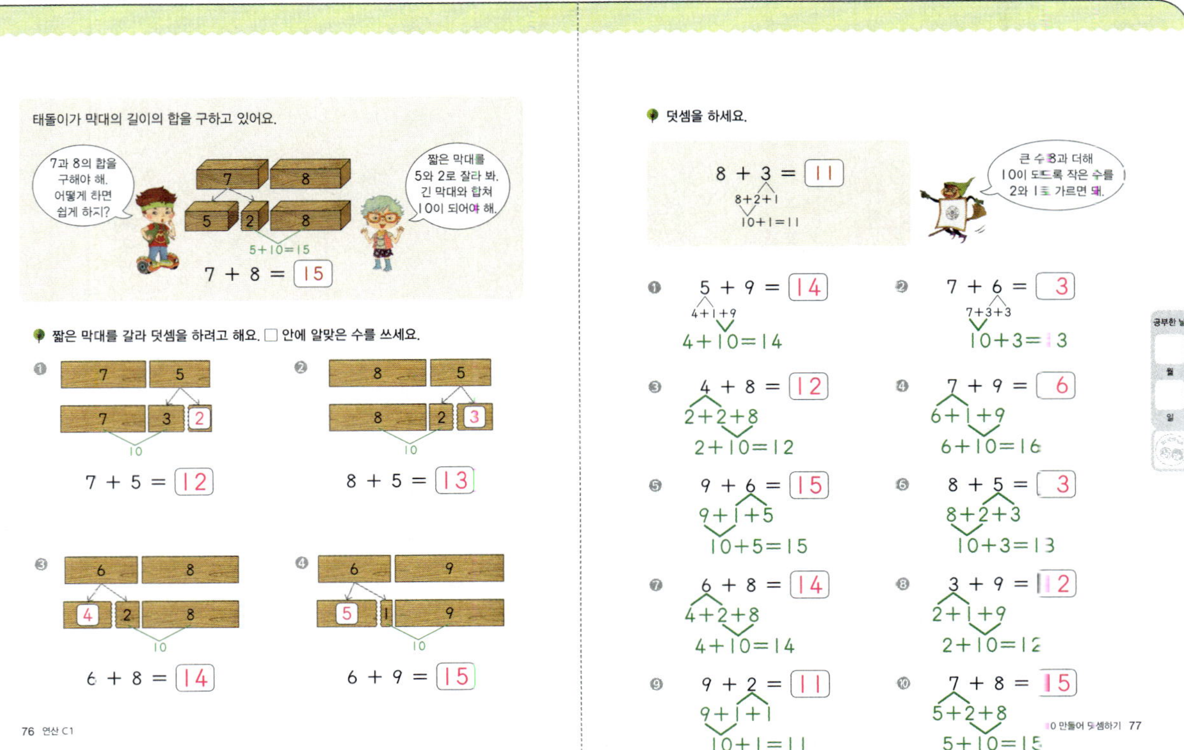

짧은 막대를 갈라 덧셈을 하려고 해요. □ 안에 알맞은 수를 쓰세요.

① 7 5 / 7 3 2 / 10 → $7 + 5 = \boxed{12}$

② 8 5 / 8 2 3 / 10 → $8 + 5 = \boxed{13}$

③ 6 8 / 4 2 8 / 10 → $6 + 8 = \boxed{14}$

④ 6 9 / 5 1 9 / 10 → $6 + 9 = \boxed{15}$

① $5 + 9 = \boxed{14}$ 4+1+9 4+10=14
② $7 + 6 = \boxed{13}$ 7+3+3 10+3=13
③ $4 + 8 = \boxed{12}$ 2+2+8 2+10=12
④ $7 + 9 = \boxed{16}$ 6+1+9 6+10=16
⑤ $9 + 6 = \boxed{15}$ 9+1+5 10+5=15
⑥ $8 + 5 = \boxed{13}$ 8+2+3 10+3=13
⑦ $6 + 8 = \boxed{14}$ 4+2+8 4+10=14
⑧ $3 + 9 = \boxed{12}$ 2+1+9 2+10=12
⑨ $9 + 2 = \boxed{11}$ 9+1+1 10+1=11
⑩ $7 + 8 = \boxed{15}$ 5+2+8 5+10=15

256 같은 수를 더하고 빼어 덧셈하기

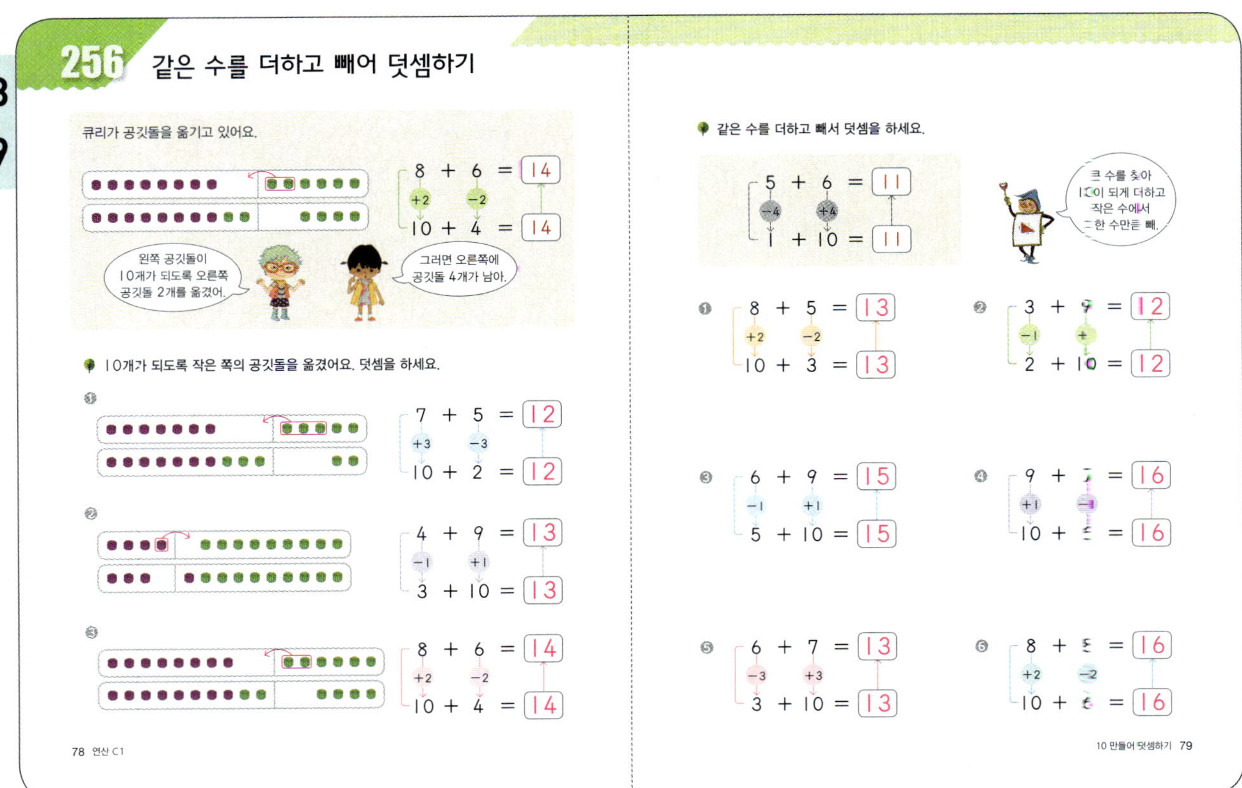

10개가 되도록 작은 쪽의 공깃돌을 옮겼어요. 덧셈을 하세요.

① $7 + 5 = \boxed{12}$ +3 −3 $10 + 2 = \boxed{12}$

② $4 + 9 = \boxed{13}$ −1 +1 $3 + 10 = \boxed{13}$

③ $8 + 6 = \boxed{14}$ +2 −2 $10 + 4 = \boxed{14}$

① $8 + 5 = \boxed{13}$ +2 −2 $10 + 3 = \boxed{13}$
② $3 + 9 = \boxed{12}$ −1 +1 $2 + 10 = \boxed{12}$
③ $6 + 9 = \boxed{15}$ −1 +1 $5 + 10 = \boxed{15}$
④ $9 + 7 = \boxed{16}$ +1 −1 $10 + 6 = \boxed{16}$
⑤ $6 + 7 = \boxed{13}$ −3 +3 $3 + 10 = \boxed{13}$
⑥ $8 + 8 = \boxed{16}$ +2 −2 $10 + 6 = \boxed{16}$

80 · 81

🌳 병아리가 알을 깨고 나오고 병아리가 자라서 닭이 돼요. 관계있는 것끼리 선으로 이으세요.

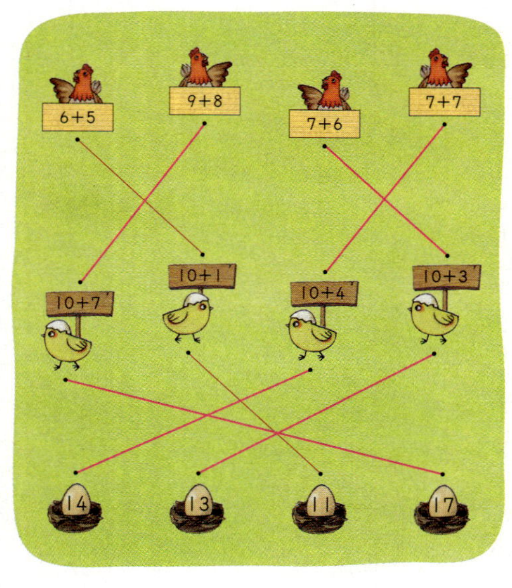

🌳 덧셈을 하세요.

$$8 + 4 = \boxed{12}$$
$$\underset{+2}{} \quad \underset{-2}{}$$
$$10 + 2 = 12$$

① $5 + 9 = \boxed{14}$
$$\underset{-1}{} \quad \underset{+1}{}$$
$$4 + 10 = 14$$

② $6 + 6 = \boxed{12}$
$$\underset{+4}{} \quad \underset{-4}{}$$
$$10 + 2 = 12$$

③ $8 + 3 = \boxed{11}$
$$\underset{+2}{} \quad \underset{-2}{}$$
$$10 + 1 = 11$$

④ $9 + 2 = \boxed{11}$
$$\underset{+1}{} \quad \underset{-1}{}$$
$$10 + 1 = 11$$

⑤ $7 + 6 = \boxed{13}$
$$\underset{+3}{} \quad \underset{-3}{}$$
$$10 + 3 = 13$$

⑥ $3 + 9 = \boxed{12}$
$$\underset{+1}{} \quad \underset{-1}{}$$
$$2 + 10 = 12$$

⑦ $8 + 9 = \boxed{17}$
$$\underset{-1}{} \quad \underset{+1}{}$$
$$7 + 10 = 17$$

⑧ $6 + 8 = \boxed{14}$
$$\underset{-2}{} \quad \underset{+2}{}$$
$$4 + 10 = 14$$

⑨ $4 + 7 = \boxed{11}$
$$\underset{-3}{} \quad \underset{+3}{}$$
$$1 + 10 = 11$$

⑩ $8 + 5 = \boxed{13}$
$$\underset{+2}{} \quad \underset{-2}{}$$
$$10 + 3 = 13$$

82 · 83

❄️ 무엇을 배웠을까요

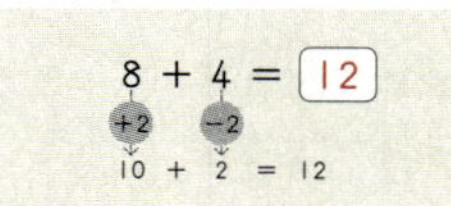

▲ ☐ 안에 알맞은 수를 쓰세요.

① $7 + 5 = \boxed{12}$
$$7 + \boxed{3} + \boxed{2}$$
$$10 + 2 = \boxed{12}$$

② $8 + 5 = \boxed{13}$
$$8 + \boxed{2} + \boxed{3}$$
$$10 + 3 = \boxed{13}$$

▲ ☐ 안에 알맞은 수를 쓰세요.

③ $6 + 9 = \boxed{15}$
$$\boxed{5} + \boxed{1} + 9$$
$$5 + 10 = \boxed{15}$$

④ $7 + 6 = \boxed{13}$
$$\boxed{3} + \boxed{4} + 6$$
$$3 + 10 = \boxed{13}$$

▲ 덧셈을 하세요.

⑤ $8 + 7 = \boxed{15}$

⑥ $4 + 9 = \boxed{13}$

⑦ $5 + 6 = \boxed{11}$

⑧ $8 + 3 = \boxed{11}$

▲ 작은 수를 갈라 덧셈을 하세요.

⑨ $9 + 3 = \boxed{12}$
$$\boxed{1} \quad \boxed{2}$$

⑩ $5 + 6 = \boxed{11}$
$$\boxed{1} \quad \boxed{4}$$

⑪ $8 + 6 = \boxed{14}$
$$\boxed{2} \quad \boxed{4}$$

⑫ $4 + 7 = \boxed{11}$
$$\boxed{1} \quad \boxed{3}$$

▲ 같은 수를 더하고 빼서 덧셈을 하세요.

⑬ $4 + 7 = \boxed{11}$
$$\underset{-3}{} \quad \underset{+3}{}$$
$$1 + 10 = \boxed{11}$$

⑭ $9 + 9 = \boxed{18}$
$$\underset{+1}{} \quad \underset{-1}{}$$
$$10 + 8 = \boxed{18}$$

▲ 덧셈을 하세요.

⑮ $6 + 9 = \boxed{15}$

⑯ $7 + 8 = \boxed{15}$

257 덧셈구구표

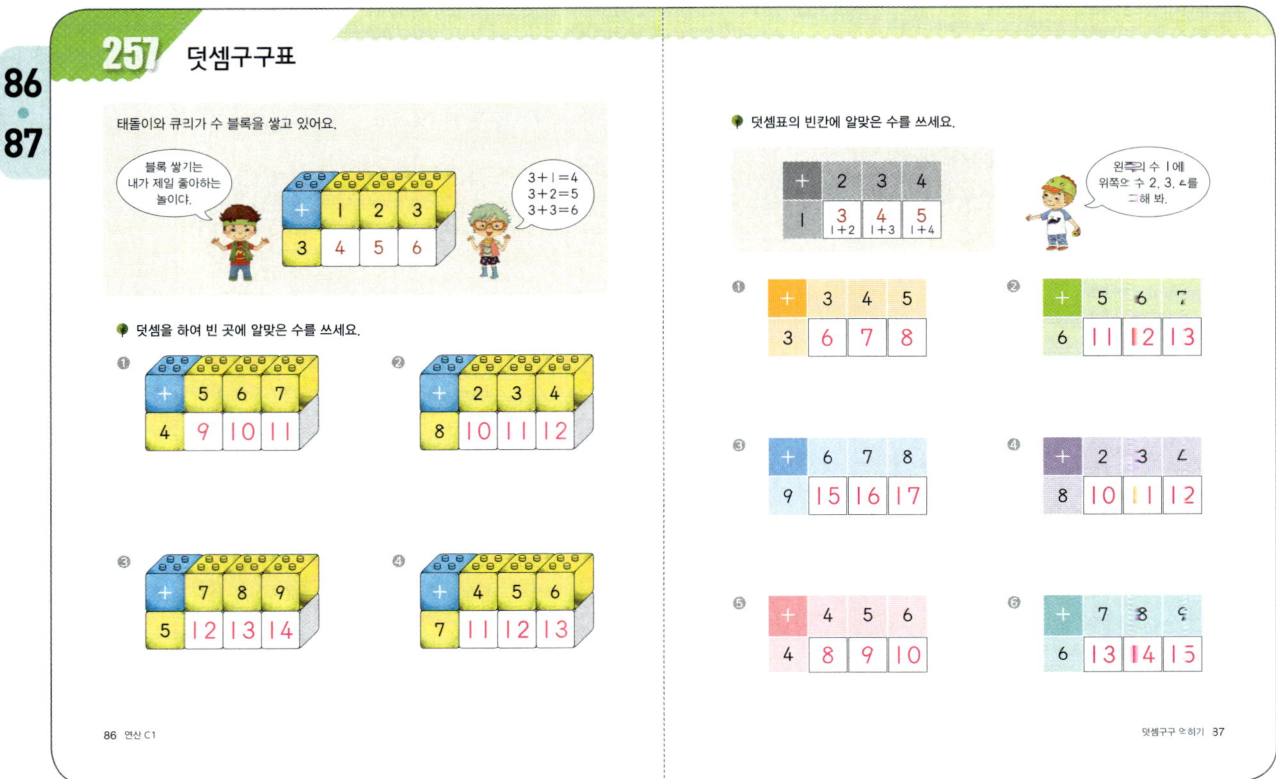

+	1	2	3	4	5	6	7	8	9
1	2	3	4	5	5	7	8	9	10
2	3	4	5	6	7	8	9	10	11
3	4	5	6	7	8	9	10	11	12
4	5	6	7	8	9	10	11	12	13
5	6	7	8	9	10	11	12	13	14
6	7	8	9	10	11	12	13	14	15
7	8	9	10	11	12	13	14	15	16
8	9	10	11	12	13	14	15	16	17
9	10	11	12	13	14	15	16	17	18

90·91

258 □가 있는 덧셈

🌳 그림을 보고 □ 안에 알맞은 수를 쓰세요.

❶ 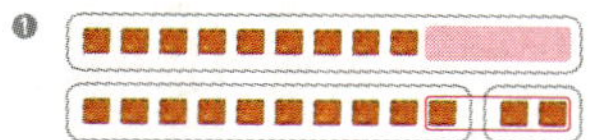 $9 + \boxed{3} = 12$
　　1　2

❷ 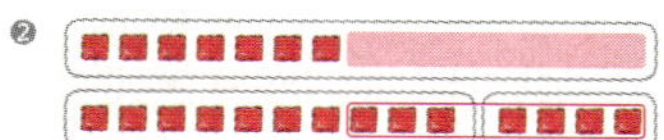 $7 + \boxed{7} = 14$
　　3　4

❸  $6 + \boxed{9} = 15$
　　4　5

🌳 □ 안에 알맞은 수를 쓰세요.

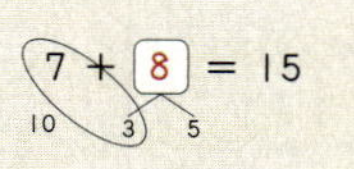
$7 + \boxed{8} = 15$
10　3　5

❶ $6 + \boxed{5} = 11$
　　4　1

❷ $9 + \boxed{4} = 13$
　　1　3

❸ $7 + \boxed{6} = 13$
　　3　3

❹ $5 + \boxed{7} = 12$
　　5　2

❺ $8 + \boxed{3} = 11$
　　2　1

❻ $9 + \boxed{8} = 17$
　　1　7

❼ $6 + \boxed{7} = 13$
　　4　3

❽ $8 + \boxed{4} = 12$
　　2　2

❾ $5 + \boxed{6} = 11$
　　5　1

❿ $7 + \boxed{9} = 16$
　　3　6

92·93

🌳 그림을 보고 □ 안에 알맞은 수를 쓰세요.

❶ 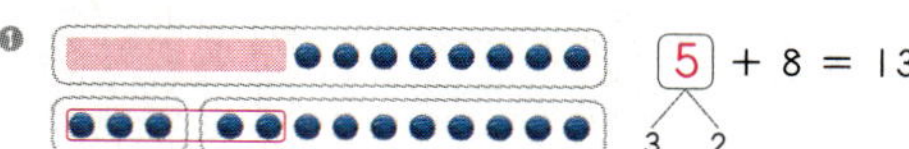 $\boxed{5} + 8 = 13$
　3　2

❷ 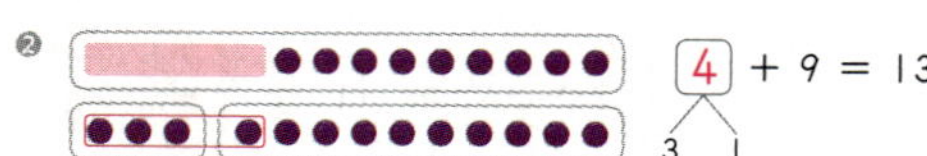 $\boxed{4} + 9 = 13$
　3　1

❸ $\boxed{7} + 4 = 11$
　1　6

🌳 □ 안에 알맞은 수를 쓰세요.

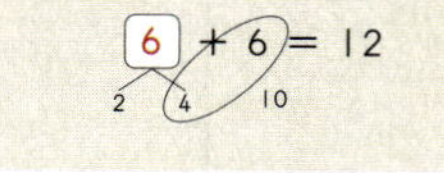
$\boxed{6} + 6 = 12$
2　4　10

❶ $\boxed{5} + 8 = 13$
　3　2

❷ $\boxed{2} + 9 = 11$
　1　1

❸ $\boxed{7} + 7 = 14$
　4　3

❹ $\boxed{8} + 6 = 14$
　4　4

❺ $\boxed{6} + 5 = 11$
　1　5

❻ $\boxed{3} + 9 = 12$
　2　1

❼ $\boxed{4} + 8 = 12$
　2　2

❽ $\boxed{7} + 8 = 15$
　5　2

❾ $\boxed{9} + 9 = 18$
　8　1

❿ $\boxed{8} + 4 = 12$
　2　6

공부한 날
월
일

259 세로셈과 벌레 먹은 셈

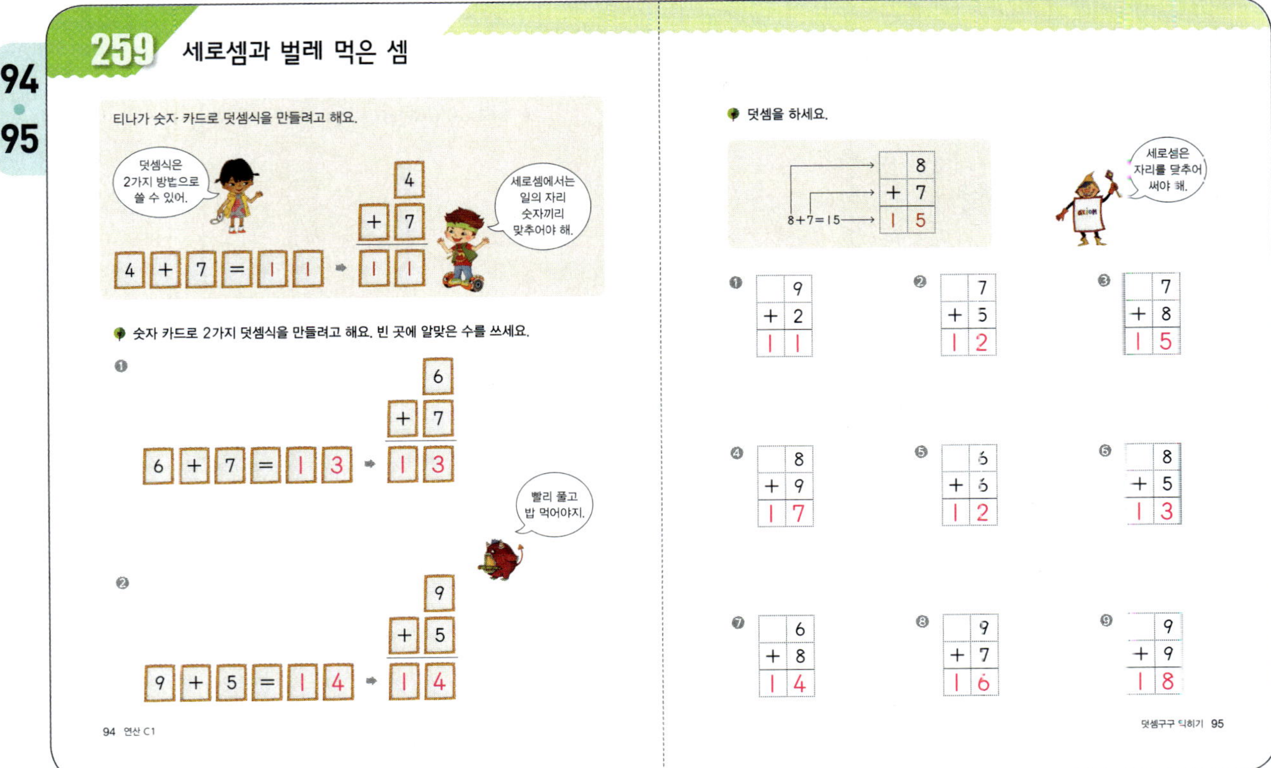

98 · 99

260 수 만들기

● 더해서 거북이 머리의 수가 되는 두 수에 ◯표 하세요.

❶ 

❷ 

❸ 

❹ 

● 덧셈구구의 두 수를 사용하여 덧셈식을 모두 완성하세요.

$9 + 9 = 18$

❶
$9 + 8 = 17$
$8 + 9 = 17$

❷
$9 + 7 = 16$
$8 + 8 = 16$
$7 + 9 = 16$

❸
$9 + 6 = 15$
$8 + 7 = 15$
$7 + 8 = 15$
$6 + 9 = 15$

❹
$9 + 5 = 14$
$8 + 6 = 14$
$7 + 7 = 14$
$6 + 8 = 14$
$5 + 9 = 14$

100 · 101

● 하늘에 수가 적힌 풍선이 떠 있어요. 더해서 울타리의 수가 되는 두 수씩 선으로 이으세요.

● 덧셈구구의 두 수를 사용하여 덧셈식을 모두 완성하세요.

$9 + 7 = 16$
$8 + 8 = 16$
$7 + 9 = 16$

❶
$9 + 4 = 13$
$8 + 5 = 13$
$7 + 6 = 13$
$6 + 7 = 13$
$5 + 8 = 13$
$4 + 9 = 13$

❷
$9 + 3 = 12$
$8 + 4 = 12$
$7 + 5 = 12$
$6 + 6 = 12$
$5 + 7 = 12$
$4 + 8 = 12$
$3 + 9 = 12$

무엇을 배웠을까요

▲ 덧셈표의 빈칸에 알맞은 수를 쓰세요.

❶
+	3	4	5
2	5	6	7

❷
+	6	7	8
5	11	12	13

▲ 그림을 보고 □ 안에 알맞은 수를 쓰세요.

❸  $8 + 4 = 12$
2 2

❹ 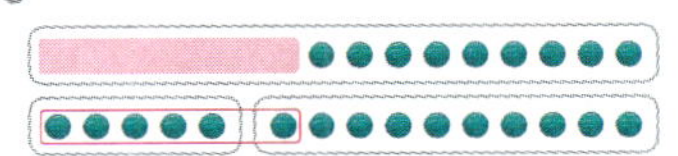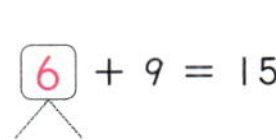 $6 + 9 = 15$
5 1

▲ □ 안에 알맞은 수를 쓰세요.

❺ $7 + 4 = 11$
3 1

❻ $6 + 8 = 14$
4 2

▲ 덧셈을 하세요.

❼
	7
+	6
1	3

❽
	3
+	3
1	6

❾
	9
+	8
1	7

▲ □ 안에 알맞은 수를 쓰세요.

❿
	4
+	9
1	3

$4 + 9 = 13$
6 3

⓫
	3
+	7
1	5

$8 + 7 = 15$
5 3

⓬
	6
+	8
1	4

$6 + 8 = 14$
2 4

▲ 덧셈구구의 두 수를 사용하여 덧셈식을 모두 완성하세요.

⓭
$9 + 2 = 11$ $5 + 6 = 11$
$8 + 3 = 11$ $4 + 7 = 11$
$7 + 4 = 11$ $3 + 8 = 11$
$6 + 5 = 11$ $2 + 9 = 11$

공부한 날
월
일

받아올림이 없는 덧셈구구

관련 쪽수: 6~27쪽

✦ 덧셈을 하세요.

❶ $2 + 3 = 5$
❷ $2 + 5 = 7$
❸ $3 + 1 = 4$
❹ $3 + 4 = 7$
❺ $4 + 2 = 6$
❻ $4 + 5 = 9$
❼ $5 + 1 = 6$
❽ $5 + 3 = 8$
❾ $6 + 2 = 8$
❿ $6 + 3 = 9$
⓫ $7 + 1 = 8$
⓬ $7 + 2 = 9$
⓭ $8 + 1 = 9$
⓮ $5 + 4 = 9$

✦ □ 안에 알맞은 수를 쓰세요.

⓯ $2 + 4 = 6$
⓰ $3 + 3 = 6$
⓱ $4 + 1 = 5$
⓲ $5 + 2 = 7$
⓳ $6 + 1 = 7$
⓴ $7 + 2 = 9$
㉑ $8 + 1 = 9$
㉒ $7 + 1 = 8$
㉓ $4 + 3 = 7$
㉔ $3 + 2 = 5$
㉕ $5 + 4 = 9$
㉖ $2 + 6 = 8$
㉗ $1 + 7 = 8$
㉘ $7 + 2 = 9$

108~109

덧셈구구 전략
관련 쪽수: 30~43쪽

✛ 두 배를 활용하여 덧셈을 하세요.

❶ $2 + 2 = 4$
$2 + 3 = \boxed{5}$

❷ $3 + 3 = 6$
$3 + 5 = \boxed{8}$

❸ $6 + 6 = 12$
$7 + 6 = \boxed{13}$

❹ $5 + 5 = 10$
$7 + 5 = \boxed{12}$

❺ $4 + 4 = 8$
$4 + 7 = \boxed{11}$

❻ $7 + 7 = 14$
$7 + 8 = \boxed{15}$

❼ $8 + 8 = 16$
$9 + 8 = \boxed{17}$

❽ $6 + 6 = 12$
$9 + 6 = \boxed{15}$

108 연산 C1

합이 10이 되는 덧셈
관련 쪽수: 46~63쪽

✛ □ 안에 알맞은 수를 쓰세요.

❶ $3 + 7 + 4 = \boxed{14}$
$\boxed{10} + 4 = \boxed{14}$

❷ $6 + 4 + 5 = \boxed{15}$
$\boxed{10} + 5 = \boxed{15}$

❸ $9 + 8 + 2 = \boxed{19}$
$9 + \boxed{10} = \boxed{19}$

❹ $2 + 5 + 5 = \boxed{12}$
$2 + \boxed{10} = \boxed{12}$

❺ $9 + 3 + 1 = \boxed{13}$
$\boxed{10} + 3 = \boxed{13}$

❻ $4 + 7 + 6 = \boxed{17}$
$\boxed{10} + 7 = \boxed{17}$

❼ $8 + 5 + 2 = \boxed{15}$
$\boxed{10} + 5 = \boxed{15}$

❽ $1 + 8 + 9 = \boxed{18}$
$\boxed{10} + 8 = \boxed{18}$

연산 보충 학습 109

110~112

10 만들어 덧셈하기
관련 쪽수: 66~83쪽

✛ 덧셈을 하세요.

❶ $7 + 6 = \boxed{13}$ ❷ $8 + 3 = \boxed{11}$

❸ $8 + 5 = \boxed{13}$ ❹ $8 + 6 = \boxed{14}$

❺ $8 + 8 = \boxed{16}$ ❻ $9 + 3 = \boxed{12}$

❼ $9 + 5 = \boxed{14}$ ❽ $2 + 9 = \boxed{11}$

❾ $7 + 8 = \boxed{15}$ ❿ $8 + 9 = \boxed{17}$

⓫ $5 + 7 = \boxed{12}$ ⓬ $4 + 7 = \boxed{11}$

⓭ $5 + 6 = \boxed{11}$ ⓮ $7 + 7 = \boxed{14}$

110 연산 C1

✛ 같은 수를 더하고 빼서 덧셈을 하세요.

❶ $7 + 5 = \boxed{12}$
$10 + 2 = \boxed{12}$

❷ $3 + 8 = \boxed{11}$
$1 + 10 = \boxed{11}$

❸ $5 + 9 = \boxed{14}$
$4 + 10 = \boxed{14}$

❹ $9 + 8 = \boxed{17}$
$10 + 7 = \boxed{17}$

❺ $5 + 7 = \boxed{12}$
$2 + 10 = \boxed{12}$

❻ $8 + 6 = \boxed{14}$
$10 + 4 = \boxed{14}$

❼ $6 + 5 = \boxed{11}$
$10 + 1 = \boxed{11}$

❽ $7 + 7 = \boxed{14}$
$10 + 4 = \boxed{14}$

연산 보충 학습 111

덧셈구구 익히기
관련 쪽수: 86~103쪽

✛ □ 안에 알맞은 수를 쓰세요.

❶ $6 + \boxed{8} = 14$ ❷ $7 + \boxed{5} = 12$

❸ $8 + \boxed{7} = 15$ ❹ $\boxed{7} + 5 = 12$

❺ $\boxed{9} + 8 = 17$ ❻ $9 + \boxed{2} = 11$

❼ $\begin{array}{r} 4 \\ + \boxed{8} \\ \hline 1\,2 \end{array}$ ❽ $\begin{array}{r} \boxed{9} \\ + 7 \\ \hline 1\,6 \end{array}$ ❾ $\begin{array}{r} 6 \\ + \boxed{5} \\ \hline 1\,1 \end{array}$

❿ $\begin{array}{r} 5 \\ + \boxed{8} \\ \hline 1\,3 \end{array}$ ⓫ $\begin{array}{r} \boxed{7} \\ + 8 \\ \hline 1\,5 \end{array}$ ⓬ $\begin{array}{r} 9 \\ + \boxed{5} \\ \hline 1\,4 \end{array}$

112 연산 C1